AF342924

MÉMOIRE OU PÉTITION

D'UN VÉRITABLE PATRIOTE,

A LA CONVENTION NATIONALE.

REPRÉSENTANS DU PEUPLE,

Vous laisser ignorer le danger évident où se trouve exposée la Patrie, seroit une perfidie atroce. Connoître des moyens propres à ramener la paix, le bon ordre, le calme intérieur et enfin à faire revivre l'âge-d'or, et ne pas vous en faire part, seroit un crime de *lèze - nation* impardonnable. . . . Il est donc de mon devoir de vous dire tout ce que je sais de relatif AUX MALHEURS dont nous sommes sérieusement MENACÉS; aux moyens de les prévenir et aux biens que nous pouvons nous procurer.

§. I.er

LES MAUX dont nous sommes MÉNACÉS sont tels , que si vous ne le prévenez , en employant les moyens que je tracerai dans le second et quatrième paragraphe de ce Mémoire ; *il ne* RESTERA *pas* PIERRE *sur* PIERRE *dans la fameuse* VILLE DE PARIS , *et toute* LA RÉPUBLIQUE *souffrira une famine si terrible , que plusieurs femmes mangeront leurs propres enfans....* En un mot, nous sommes bien réellement menacés *d'une guerre intestine. d'une peste et d'une famine , telles qu'il n'y en a jamais eue de pareille sur la terre.*

Voilà , citoyens Représentans, les maux auxquels la République naissante est exposée, et auxquels nous devons nous attendre , si nous ne les prevenons , par une conduite sage et prudente.

Jusqu'ici, nous pouvons bien dire que, bien loin de nous conduire de manière à faire le bonheur du Peuple , nous nous sommes, au contraire , étudiés à le jeter dans toute sorte de désordres , et par suite dans toute sorte de malheurs.

En effet, que n'ont pas fait de mal ces hommes qui croyent seuls connoître la raison et la vérité ; ces hommes se disant les seuls bons patriotes, et qui bien loin d'être ce qu'ils disent être, *des savans et de véritables républicains*, ne sont rien moins que des *aveugles*, des *ignorans*, ou des *méchans*.

Oui, citoyens Représentans, vous ne sauriez vous dissimuler que les malheurs que nous avons déjà éprouvés, ne soient l'ouvrage *de cette classe d'hommes, se disant philosophes*. Personne n'ignore qu'eux seuls ont formés les différentes factions, et qu'ils ont toujours attenté à la liberté et à l'égalité décrétée.

Les *Danton*, les *Ébert*, les *Chabot* et les *Robespierres*, n'étoient-ils pas les *chefs* de cette horde de brigands. Quels maux n'ont-ils pas fait, ces monstres, avec leurs adhérans, fauteurs et complices!.. Vous le savez, Représentans, vous connoissez une grande partie des horreurs qu'ils ont commises, et/ vous êtes cependant dans une espèce de léthargie, dans une inaction intolérable, enfin dans une insouciance presque criminelle ; puisqu'elle expose visiblement la patrie aux plus grands dangers.... Voici comment.

Lorsqu'il a été question, dans la Convention, de condamner à mort un homme doux et humain et un véritable ami du peuple, *Louis Capet*, vous avez presque tous été dans un délire et une activité des plus forts. Faut-il livrer, entre les mains de la justice, un méchant qui a commis toutes sortes d'horreur, *Carrier*, vous êtes indolens, au point de laisser croire que cet homme de sang, ce monstre, ne mérite pas même votre adnimaversion; vous êtes indolens au point, dis-je, qu'ayant souffert et approuvé qu'on vous aie accusé, dans le sein même de la Convention; d'avoir chargé une Commission d'examiner *si les mesures de Carrier, qui a rougi la Loire du saug d'un millier de victimes, avoient été nécessaires, ou si c'étoit des assassináts, ordonnez de sang froid:* vous avez compromis la Représentation nationale, et vous vous êtes exposés à être soupçonnés d'être les complices de cet imfâme scélérat!

Lorsqu'il a été question, dans la Convention, de faire des lois Robespierristes, votre zèle a été sans borne; et lorsqu'il faut renverser ces lois et poursuivre les coupables, vous n'avez plus ni zèle ni activité.

Billaud-Varenne, Collot-d'Herbois, Barrère, Amard, Vadier, Voulland et David, sont dénoncés à la Convention, comme *complices de Robespierre;* vingt chefs d'accusation sont produits contre eux, et la Convention les décharge de cette grave accusation, quoique bien prouvée par elle-même.... Il est même un fait qui mérite d'être bien connu, et qui semble dévoiler tout l'odieux de cette conduite; c'est celui-ci. *Thuriot* a avancé *que l'intérêt du peuple demande que la Convention rejete avec indignation cette dénonce ; que la justice veut qu'aucun soupçon ne plane sur la tête des membres dénoncés , et que l'on doit déclarer que leur conduite a été conforme au vœu national ,* et ses propositions sont décrétées au milieu des plus vifs applaudissemens , et des cris de vive la Convention , vive la République.

Les soixante-onze Députés à la Convention, qui ont eu le civisme et la fermeté de protester contre la faction Robespierre , avec cette force , ce courage et cette naïveté digne des véritables républicain , non pas obtenu encore leur entière liberté , la justice de rentrer dans leurs fonctions de Représentans , et enfin une éclatante satisfaction ! et les factieux, les hommes de sang, les frippons, les brigands et les véritables ennemis du peuple , sont encore en liberté et dominent même dans l'Assemblée et dans les Administrations.

Des Sociétés populaires dénoncent des Représentans factieux et Robespierristes, et ces dénonces ne sont point écoutées , et cela , malgré qu'elles portent sur des faits très - graves et des mieux prouvés.

En un mot, il semble que la Convention affecte de tolérer et d'approuver le crime , et de ne punir que l'innoncent.

Oui , citoyens Représentans , rien n'est plus vrai que tous ces faits , rien n'est plus vrai que la négligence que vous portez à réprimer le parti Robespierre, a les punir , ou tout au moins à les mettre hors d'état de pouvoir nuire , nous expose à une guerre civile, et par suite expose la République et encore plus la Représentation nationale à des très-grands dangers.... Voici les moyens de les prévenir.

§. I I.

Les Robespierristes étant en très-grand nombre dans le sein même de la Convention , dans toutes les administrations et dans les sociétés populaires , et les Représentans du Peuple, envoyés en mission dans les Départemens , n'ayant pas tous pris les mesures nécessaires pour mettre ce parti san-guinaire hors d'état de pouvoir nuire , plusieurs ayant même suivi une marche qui semble les fortifier, il est plus qu'urgent que la Convention nationale décrête ;

1°. Que tous les membres de la Convention qui ont fait de discours pour faire rendre les Lois robespierristes ; ensemble tous ceux qui ont été envoyés en mission pour les faire exécuter, et enfin tous les membres des Comités de salut public et de sûreté générale , du règne de Robes-

[9]

pierre, seront de suite mis en état d'arrestation, et présentés au tribunal révolutionnaire pour y être jugés.

2°. Que l'accusateur public près led. tribunal, poursuivra toutes les personnes qui lui seront légalement dénoncées, et ce jusqu'à parfait jugement, à peine d'être regardé comme suspect et puni comme tel.

Que les tribunaux criminels des Départemens seront en même-temps tribunaux révolutionnaires et en feront les fonctions, et que par conséquent les accusateurs publies, près lesdits tribunaux, seront tenus d'y poursuivre et d'y faire juger toutes les personnes qui leur seront dénoncées pour fait de contre-révolution, et ce à peine d'être poursuivis eux-mêmes comme est dit en l'article précédent.

4°. Qu'il sera créé dans Paris une commission de vingt-un membres, pour réviser, s'il y a lieu, les jugemens desdits tribunaux, lorsqu'ils porteront la peine de mort.

5°. Qu'aucun Représentant du Peuple ne pourra être puni de mort, ni d'aucune autre peine, qu'après que son jugement aura été approuvé par la Convention nationale. De même, qu'aucun autre particulier ne pourra être puni de mort, qu'après que son jugement aura été approuvé par la commission des vingt-un.

6°. Que tout bon citoyen sera tenu, sous peine d'être regardé comme suspect, de dénoncer tous les Robespierristes, tous les dilapidateurs de la chose publique, tous les pilleurs, et enfin tous les factieux qui ont attenté, directement ou indirectement, à la liberté et à l'égalité.

7°. Que tous les membres des corps constitués qui ont été mis en place par la faction Robespierre, seront de suite destitués et jugés par le tribunal de leur Département, de même que tous ceux qui ont été en charge dans les sociétés populaires, pendant le règne de ladite faction Robespierre.

8°. Que la force armée de l'intérieur, sera mise entre les mains des citoyens reconnus pour bons et véritables républicains, payant depuis cinquante jusqu'à deux cents livres de charges ; et que tous les autres citoyens, en général, seront désarmés.

9°. Qu'après ledit désarmement fait, ceux des citoyens désarmés, ou qui ne seroient pas de la classe de ceux qui doivent l'être, qui seroient trouvés en armes, de qu'elle espèce que ce soit, seront poursuivis criminellement et pourront être condamnés à la peine de mort.

10°. Qu'il sera de suite envoyé, dans chaque Département, un Représentant du peuple, homme ferme et capable de faire exécuter les lois, et de faire régner le bon ordre et la justice.

[11]

Voilà, citoyens Représentans, ce que j'ai à vous
dire pour le physique : voici maintenant ce que
je dois vous dire pour le moral.

§. I I I.

Ne pas croire à un Être suprême, créateur de
l'univers, et à l'immortalité de l'ame, ce seroit,
formellement, nier notre propre existence.....
Reconnoître un Dieu et ne pas l'adorer, ce seroit,
pour ainsi dire, nier son existence, et par suite
l'immortalité de notre ame.... En un mot, ne pas
reconnoître la toute-puissance de Dieu, et l'im-
puissance des hommes ; ce seroit la plus grande
de toutes les folies.

Oui, citoyens Représentans, ne pas vouloir
convenir que la révolution française est toute
surnaturelle et par suite dirigée par la main
toute-puissante de la Providence, ce seroit nier
un fait des plus évidens ; car nous ne pouvons pas
douter que nos troupes ne soient bien réellement
protégées par le ciel ; puisque des hommes foibles
et sans art, l'emportent de beacoup sur des
troupes les mieux disciplinées et les plus aguerries.
Nous ne pouvons pas douter, non plus, que les
Anglois et les Espagnols n'aient fui de Toulon,
par l'effet d'une terreur panique surnaturelle ;
puisqu'aucune raison humaine ne pouvoit en l'état

où étoient les choses, les obliger à fuir aussi précipitamment que ce qu'ils ont fait. Non, citoyens Représentans, il n'est pas plus possible de croire que tous ces événemens sont des événemens humains ; qu'il est possible de croire que les hommes ont créé le ciel et la terre... Cependant bien loin que nous soyons reconnoissans d'une protection si marquée ; il paroît que nous faisons, au contraire, tout ce qui est à notre pouvoir pour attirer sur nous les malédictions du ciel.

En effet, propose - t - on de prophaner les temples, de détruire les autels, de pillier ou de brûler les ornemens des églises ? La Convention nationale viole la *déclaration des droits de l'homme* ; se prête à toutes ces infâmies, et rend des décrets contraires à ses principes, et par conséquent attentatoire à la souveraineté du peuple et aux droits des gens.

Les *philosophes*, c'est-à-dire, *les Robespierristes, ou les véritables impies*, proposent-ils *un culte idolâtre*, la Convention décrète un Temple à la Raison, ensuite à l'Être Suprême, et permet et approuve, que ces impies, violentent les consciences et qu'ils forcent *le peuple à suivre la plus déplorable de toutes les erreurs : l'idolâtrie!*

Enfin, propose-t-on de faire le mal ? La Convention est toujours prête à le décréter : et lorsqu'il est question de faire le bien , elle se trouve paralysée ou endormie. Cependant , citoyens Représentans , vous êtes chargés de faire connoître au peuple la vérité , et vous êtes personnellement responsables de toutes les erreurs dans lesquelles on l'a plongé , puisque vous êtes non-seulement chargés de le conduire , mais encore de le préserver du poison qu'on pourroît vouloir lui donner ; car enfin , n'est-il pas à vous, Représentans , à indiquer au peuple la route qu'il doit prendre pour être heureux. Pouvez-vous même lui permettre des choses contraires à ses intérêts? Non , vous n'e le pouvez pas , et nous pouvons dire , avec juste raison, qu'en décrétant *la liberté de toute sorte de cultes*, vous avez inhumainement abandonné une partie de vos commettans à leur malheureux sort.

Je dis qu'en décrétant la liberté de tous les cultes , vous avez abandonné vos enfans à un malheureux sort, parce qu'il est évident que n'y ayant qu'*un seul* DIEU , *il ne peut et ne doit y avoir qu'une* FOI, *qu'une* LOI, *et par conséquent qu'un culte Divin.*

Il auroit donc fallu raisonner tout autrement que ce que vous avez fait , et dire en prudens et sages législateurs, de deux choses l'une ; où il y a une religion divine , ou elles sont toutes

humaines ; si elles sont toutes l'ouvrage des hommes, il pourroit bien être à notre disposition de
les abolir ; mais s'il y en a une de divine, tous les
efforts que nous pourrions faire ne serviroient qu'à
jeter la République dans de très-grands malheurs :
ainsi, il est donc très-prudent de nous contenter
d'interdire toute sorte de cultes, et d'attendre
que la Providence, qui nous protège si sensiblement, nous fasse connoître la vraie religion.

Oui, avoir interdit tous les cultes, jusqu'au
moment qu'il auroit plu à Dieu de faire connoître celui qui lui est seul agréable, s'auroit été
un acte de prudence humaine et une action des
plus civiques ; mais *décréter la liberté de toute
sorte de cultes, décréter ensuite un Temple à la
Raison, sans la connoître, et forcer ainsi le peuple
à tomber dans* L'IDOLATRIE ; c'est, on peut le dire,
*le comble de l'horreur et la plus grande de toutes
les folies.*

Voilà, Représentans du Peuple, des faits que
je ne craind pas de mettre sous vos yeux, parce
que c'est mon devoir de le faire, de même que
de vous dire en franc et loyal républicain, qu'une
pareille conduite mérite toute l'animadvertion des
hommes et la vengeance de Dieu ; et que si
nous refusons de faire pénitence de tous ces crimes,
Dieu ne manquera pas de nous en punir, d'une

manière éclatante, en nous livrant aux maux *d'une guerre civile*, *d'une famine*, telles que celles dont je vous ai parlé au commencement de ce mémoire. Il me reste à vous proposer les moyens propres à prévenir ces malheurs, et à nous procurer toute sorte de biens ; et c'est ce que je vais faire dans le paragraphe suivant.

§. I V.

Dieu ne voulant pas la mort des pécheurs, mais qu'ils se convertissent et qu'ils vivent, il ne tient qu'à nous de fléchir sa justice et d'obtenir de son infinie miséricorde, le pardon de tous nos crimes, et par suite la délivrance des maux que nous nous sommes attirés. Pour cela, il suffit de reconnoître *que nous sommes grandement coupables, et demander pardon à Dieu d'une manière satisfactoire....* Voici Représentans, ce que je suis chargé de vous proposer à ces fins,

1°. De décréter que „ jusqu'à ce qu'il plaise à Dieu de faire connoître à la République, la véritable religion et le culte par lequel il veut être honoré, toute sorte de culte public demeurera interdit et les temples fermés. Que cependant chacun sera libre d'adorer Dieu à sa manière, lorsqu'il sera en son particulier.

2°. Que pour réparation *des crimes que les Robes-pierristes ont commis et fait commettre au peuple, en les portant aux* MEURTRES *et à* L'IDOLATRIE il sera fait un jeûne général de trois jours, pendant lesquels personne ne pourra prendre d'autre nouriture que du pain et de l'eau.

3°. Qu'il sera fait aussi, dans les mêmes vues, un carême de trois mois, pendant lequel personne ne pourra manger d'aucune sorte de viande; et que par conséquent, pendant l'intervalle de ces trois mois, il ne sera tué aucune bête à corne, ni volaille, ni gibier, de quelle espèce que ce puisse être.

4°. Que tant le jeûne de trois jours que le carême de trois mois, étant décrété pour le salut de la patrie, les personnes qui y contreviendront seront condamnées à la peine de mort.

Voilà, citoyens Représentans, *les seuls remèdes à nos maux et aux malheurs que je viens de vous annoncer*... L'orage est prêt à éclater; ainsi, *mépriser mes avis; refuser ou négliger de les suivre, se seroit vouloir vous perdre et faire périr la plus grande partie de la République.* Il est donc de la prudence de prévenir de pareils malheurs, et cela quand bien même ils vous paroîtroient impossibles, puisqne d'un côté il n'y a aucune sorte d'événemens à courrir, et que de l'autre il y a tout à perdre.

Oui ,

Oui , il est de la plus grande prudence de prévenir tous ces maux, en suivant les avis qui vous sont donnés, et ce seroit une très-grande folie de vous y refuser, sur-tout dès que vous le pouvez aussi facilement.

OBSERVATIONS.

Si nous n'avions à combattre que contre l'enfer, avec le secours de la grace , nous pourrions vaincre aisément le plus grand ennemi du genre-humain: mais nous avons à combattre un ennemi d'autant plus terrible, notre amour propre, qu'elle ne veut voir et croire que ce qu'elle conçoit facilement et sans peine.

Cependant personne n'ignore que les hommes n'ont pas tous les mêmes connoissances ; que plusieurs possèdent des sciences inconnues aux autres, et que même les démonstrations géométriques les plus simples , sont hors de la pénétration et des lumières du plus grand nombre... Il est donc évident et très-évident que pour pouvoir croire, dire ou penser qu'il est impossible qu'un homme ait telles ou telles connoissances, il faudroit être nécessairement d'une nature supérieure, et avoir, dans un degré éminent, toutes les lumières et toutes les connoissances possibles ; car enfin, n'est-il pas d'une certitude incontes-

B

table que la physique expérimentale est encore au berceau, et que cependant beaucoup de ses effets, connus aujourd'hui, proposés dans les siècles passés, auroient été regardés comme des choses impossibles et même des extravagances. Ainsi, Représentans, ne vous y trompez pas; croyez qu'il est très-possible que j'aye, devers moi, des preuves certaines de tout ce que j'avance, et ne vous imaginez pas que, parce que je parle le langage d'un véritable républicain, c'est-à-dire, parce que je ne crains rien et que je parle un langage simple, loyal et véridique, je doive avoir perdu la tête.

Il est vrai, et je veux bien convenir avec vous que toute autre personne qui se permettroit de pareilles démarches, pourroit fort bien commettre une imprudence et s'exposer à beaucoup de désagréable; mais je puis vous dire que ce qui seroit, pour tout autre, une folie, est pour moi un acte de simple devoir, et cela parce que depuis plusieurs années, j'ai journellement des preuves physiques de la vérité des connoissances que je vous annonce.

Oui, Représentans, depuis plusieurs années, que je travaille au salut de la patrie, j'ai toujours éprouvé, d'une manière sensible, que je n'ai rien à craindre des méchans, et que malgré toute leur malice et tous leurs efforts, ils plieront à mes désirs, soit en se convertissant à Dieu, soit en disparoissant de dessus la surface de la terre.

Je ne vous dis pourtant pas comme Robespierre vous a dit, dans son dernier discours à la Convention, *qu'il falloit qu'un parti ou l'autre périt*, parce que je n'ai exactement point de parti. Mais je vous dirai, bien plus sûrement que lui, qu'il faut se CONVERTIR ou PÉRIR... Oui, point de milieu entre ces deux extrêmes, le plan de la révolution est tel qu'il faut se convertir ou mourir... Voilà, citoyens Représentans, ma logique, elle n'est pas des plus amusantes, pour l'homme charnel, mais elle est des plus vraies.

Evitez donc le dernier et le plus grand de tous les malheurs, celui de mourir en reprouvés. Faites un effort sur vous-mêmes, surmontés tous les obstacles.... *Convertisse z-vous à DIEU et vous vivrez.*

Comme je ne crains rien tant que de voir l'exécution des menaces qui nous sont faites, et que tous mes désirs se tournent à vous faire éviter un pareil malheur, je joins à ce mémoire ou pétition, la copie de plusieurs pièces envoyées dans le temps aux administrateurs du Département du Gard et à ceux de la Municipalité de Nîmes.

Lisez ces pièces , citoyens Représentans , elles doivent tout au moins vous déterminer à éprouver, sans autre examen , ce que je vais vous proposer.

Pour vous faire surmonter aisement tous les obstacles possibles , je puis , en toute sûreté, vous proposer les moyens que voici.... Que la Convention nationale en corps fasse un choix , pour le bien de la patrie ; comme un projet de paix générale ou particulière, avec telles ou telles autres puissances ; comme le projet de l'attaque et de la prise de telle ou telle autre place sur nos ennemis ; ou , enfin, comme le projet de faire cesser les maladies dans nos armées.... Que la Convention fasse un de ces choix verbalement ou par écrit , même par la voie de commissaires, ou par celle d'un ou de plusieurs de ses comités, ou enfin de toute autre manière qu'elle voudra , pourvu que cela soit fait, avec assez de précaution , pour que la majorité de ses membres ne puisse avoir aucun doute sur la vérité du fait.

Qu'à ce choix on y mette telles conditions qu'on voudra , comme que toutes les puissances, ou telle ou telle autre puissance , nous envoient des ambassadeurs pour traiter de la paix, à telles conditions , et cela dans tel temps.

Comme que nos armées prennent telle ou telle autre place , à telles conditions et tel jour ; ou enfin, que nos soldats soient guéris des maladies qu'ils peuvent avoir, et cela à tel jour et à telle heure ; et si la chose ne réussit pas comme on l'aura arrêté, je m'offre à perdre la vie..... Voilà tout ce que je puis faire, et mon devoir est entièrement rempli en ceci ; il ne me reste donc plus qu'à vous supplier, au nom de l'humanité, et de tout ce que vous avez de plus cher au monde, de ne point négliger à remplir le vôtre ; puisqu'il ne tien qu'à vous de faire cesser nos calamités, qui sont déjà très-grandes, et de prévenir de bien plus grands malheurs.... Vous le pouvez, Représentans, un tant soit peu de bonne volonté suffit pour cela..., Mais aussi, si, par malheur pour vous, vous êtes assez indolens, assez insoucians ou assez insensés que de ne vouloir rien écouter, rien éprouver ni rien entreprendre, vous vous précipiterez dans toute sorte de maux.... Réfléchissez-y sérieusement, et évitez de grands malheurs, qui sont prêts à fondre sur nos têtes.

R A F I N.

COPIE de la lettre écrite au Président de la Convention nationale.

Citoyen Président,

Je t'envoie un Mémoire ou Pétition pour la Convention nationale, joint la copie des pièces y énoncées. C'est mon devoir, c'est l'amour de l'humanité, c'est enfin le désir que j'ai d'être utile à la patrie, et de prévenir les grands malheurs dont nous sommes bien réellement menacés, qui m'ont déterminé à m'exposer à toute sorte de dangers.

Oui, citoyens Représentans, depuis le premier moment de la révolution, j'ai, dans toutes les occasions, sacrifié mon épouse, mes enfans et ma vie, pour retirer la france du précipice où elle s'est malheureusement plongée ; aussi, tu vera, citoyen président, et vous citoyens Représentans, que je ne crains pas de parler le langage de la vérité. Il est vrai qu'il faudroit être plus monstre que ne l'a été l'infâme Robespierre, pour se taire, en ayant, comme j'ai, la certitude des faits que j'avance.

[23]

C'est donc à vous, Représentans, à bien pèser
tout ce qui est contenu dans mon Mémoire ou
Pétition, et dans la copie des pièces y jointes.

Les motifs, qui m'ont déterminé, étant visiblement purs, et les maux annoncés étant des plus
grands et pouvant être réels, ils doivent vous
porter à ne rien négliger de tout ce que je vous
marque.

Prenez donc en grande considération, qu'ayant
été mis cinq fois en prison, pour avoir voulu prévenir et faire éviter les meurtres qui se sont
commis, il n'y a, et ne peut même y avoir,
qu'un civisme bien épuré et une assurance des
plus parfaites, qui puisse me faire agir de la
manière que je le fais.

Considérez que dans mes démarches il n'y a
rien de contraire à l'esprit de la loi, puisque je
ne me suis jamais adressé qu'aux Autorités
constituées.

Considérez que le 27 Juillet 1792 [vieux style],
qui est l'an premier de la République, je prévins
l'Administration du Département du Gard, des
malheurs que la faction Robespierre vient de nous
faire essuyer.

Considérez que le 20 Pluviôse de l'année seconde
de la République, j'adressa un Mémoire au Président de la Convention, dans lequel je la préve-

nois des factions qui se formoient, des malheurs que nous avons éprouvés, et des moyens à prendre pour les éviter.

Considerez enfin, que les malheurs dont nous sommes menacés, sont tels qu'il n'y en a jamais eu de pareils sur la terre, et que les moyens que je propose, pour les éviter, sont des plus aisés et des plus faciles à pratiquer ; que par conséquent la moindre prudence doit vous déterminer à ne point les mépriser.

Lisez donc mon Mémoire ou Pétition, citoyens Représentans ; lisez la copie des pièces y jointes, avec cette attention et cet intérêt que doit vous inspirer le bien public ; et croyez moi bien sincérement le véritable ami de l'humanité et de la révolution,

R A F I N.

D'Uzès-la-Montagne, ce 29 frimaire, lan troisième de la République française, une et indivisible.

COPIE DES PIÈCES

Énoncées dans ce Mémoire ou Pétition.

COPIE de la dénonce faite au Juge de Paix du Canton, dans lequel se trouve la rue Notre-Dame, à Nismes.

LE citoyen Étienne Rafin, habitant de la ville d'Uzès, et de séjour en la présente ville de Nîmes, pour affaires particulières qu'il a au Tribunal du District et au Département, dénonce au citoyen Juge de Paix de l'arrondissement, que hier Dimanche, douzième du courant mois de Mai, l'enfant du citoyen Jean Chay, postillon, logé dans la maison de la citoyenne veuve Brun, dans la rue Notre-Dame, tout auprès de la Poste aux chevaux; ledit enfant âgé de six mois, cessa de donner des signes de vie sur les huit heures du matin, et quoique cet enfant n'eût d'autre maladie apparente qu'une légère *cocoluche*, depuis huit jours seulement, et que par conséquent il n'aie cessé de donner signe de vie que par un événement extraordinaire, c'est-à-dire, ou en perdant la vie subitement, ou par quelque attaque ou autre cause purement accidentelle, il a été enterré, contre le dispositif de la Loi, à quatre heures du soir ; de manière qu'il est très-possible que cet enfant soit encore envie : et comme c'est un fait qui mérite toute l'attention des Magistrats et demande toute sorte de célérité, je l'ai dénoncé, au citoyen Juge de Paix, pour qu'il fasse les démarches nécessaires ; comme de faire exhumer cet enfant, de le faire visiter, par les gens de l'art, et de lui faire administrer tous les secours possibles, pour le rappeller à la vie ; offrant, en cas que les ressources de l'art ne puisse point en venir à bout, de lui faire rendre la santé par un moyen qui lui est connu.

R A F I N, signé.

Cette dénonce fut faite le lundi treizième du mois de Mai, année mil sept cent quatre-vingt-trois, l'an premier de la République.

COPIE de la Lettre écrite au citoyen Maire de la ville de Nîmes, dans le courant du mois de juin, année 1793., l'an premier de la République.

CITOYEN MAIRE,

J'ai reçu l'extrait de la délibération prise par le Corps municipal dont vous êtes le président, et je ne puis m'empêcher de vous faire observer que c'est contre la vérité des faits que, dans cette délibération, on y a mis *que j'avois été arrêté par les commissaires chargés des visites*; puisque la vérité est que je me rendis moi-même à la maison commune, pour y faire viser mon passe-port, et que ce ne fut que par réflexion, et après avoir eu décidé que j'étois en règle, que vous ordonnâtes à l'officier de garde de me rapeler, et que vous fites prendre l'arrêté de me déposer dans la maison d'arrêt.

Je ne puis m'empêcher de vous faire observer que c'est encore contre la vérité, qu'il est énoncé, dans cette délibération, que je n'étois pas muni d'un passeport en bonne forme; parce que la vérité est que mon passeport est tel que la loi l'exige, n'y ayant point de loi qui détermine que les passeports ne vaudront plus après six mois de leur date.

Je ne puis m'empêcher de vous faire observer que je n'ai pas pu manquer à la loi, en négligeant de faire ma déclaration de présence au secrétariat de la Commune de cette ville ; parce qu'il est bien sensible, que vous n'avez pas eu le droit d'imposer une telle obligation à des étrangers. Vous devez savoir, citoyen Maire, que votre autorité ne s'étend pas sur les citoyens qui ne sont pas compris dans votre commune, lorsque ceux-ci voyagent, en conformité de la loi, et que vous n'avez pas pu mettre des entraves à son exécution, c'est-à-dire, que vous n'avez pas pu mettre une pierre d'achoppement pour tout étranger qui, huitaine ou quinzaine après la publication de votre arrêté, aura bien pu l'ignorer, et se trouver dans la peine sans le savoir.

Je ne puis m'empêcher de vous faire observer, enfin, que cette délibération portant, *que je serois remis à mes parens*, n'est pas un arrêté réfléchi et juste ; 1°. Parce que ponr déterminer que je serois remis à mes parens, comme un homme qui a perdu la tête, il auroit fallu suivre les formalités prescrites par la loi, ce qui n'a jamais été rempli vis-à-vis de moi, et tout au moins m'entendre, avant de porter un pareil jugement ;

2°. Parce que la loi, la justice et la raison nous font un devoir de ne point enlever l'honneur et le bien d'un citoyen. Cependant, Magistrat, vous qui êtes chargé de faire exécuter la loi, vous y contrevenez en m'enlevant ce que j'ai de plus cher, la raison. Je conviens bien avec vous que, d'après vos principes et votre croyance, mes prétentions sont extravagantes ; mais vous devriez convenir avec moi, que parce que vous ne pouvez pas entrer dans mes principes, il ne s'ensuit pas qu'ils soient tels que vous les croyez. Quand Christophe Colomb fit part de ses connoissances sur l'existence d'un autre monde, c'est-à-dire, d'une terre inconnu, l'Amérique, il fut traité, par ceux qui n'avoient pas les mêmes connoissances que lui, d'insensé et d'evtravagant ; cependant il parloit juste, et l'événement a prouvé que ce n'étoit pas lui qui étoit fou, mais bien ceux qui le qualifioient tel. Quand des géomètres profonds voulurent enseigner l'algèbre, pour mesurer, peser ou comparer les puissances inconnues avec les connues, ils furent traités, par les demi-savans, c'est-à-dire, par ceux qui croient tout savoir et qui, par cela seul, ne savent rien, de foux, d'extravagans et de maniaques.... J'ai proposé et propose encore un moyen de procurer la paix à toute l'Europe, et je suis jugé et traité de fou, de maniaque, d'insensé et comme un homme qui a perdu la raison et le bon sens, et cela par des magistrats qui devroient savoir, tout au moins, qu'il peut exister des hommes possédant des sciences qui leur sont totalement inconnues. Oui, citoyen Maire, il est une extravagance et une folie bien déplorable ; c'est celle de la plus grande partie des hommes, de ceux qui croient qu'il ne peut exister que ce qu'ils peuvent concevoir. O aveuglemet de l'homme foible ! jusqu'à quand tiendras-tu le genre humain dans les ténèbres ? O ma Patrie ! jusqu'à quand seras-tu la proie de l'ignorance crasse, et l'esclave malheureuse des préjugés diaboliques ? Jusqu'au moment que tes magistrats voudront t'en faire sortir.

Je finis, citoyen Maire, en vous assurant qu'il ne tient qu'à vous de procurer le bonheur et la paix à toute l'Europe, et de conserver le sang de vos concitoyens. Réfléchissez y, et croyez que quoique votre vue ne se porte pas jusqu'à découvrir d'ici la fameuse ville de Paris, elle n'en existe pas moins. Réfléchissez, dis-je, et ne rejetez point les moyens que le ciel vous envoie, pour retirer la Patrie du danger évident où elle est que trop malheureusement exposée. Je suis avec les sentimens de fraternité et de cordialité la plus parfaite, votre, etc. R A F I N, *signé*.

COPIE de la Lettre écrite aux Administrateurs du Département du Gard, et à
ceux de la Municipalité de Nîmes, le
27 juillet 1793, l'an premier de la
République.

CITOYENS ADMINISTRATEURS,

Le danger évident où je vois la Patrie, les malheurs dont cette cité est menacée : la foudre qui
commence à gronder sur nos têtes et qui est
prête à éclater, m'oblige à passer les bornes de
l'humilité, et à transgresser, pour ainsi dire, les
ordres de la Providence, c'est-à-dire, à prévenir
et avancer le moment que Dieu a décrété de toute
éternité, pour faire éclater les effets de sa grande
miséricorde.

Oui, citoyens, je franchis toutes les bornes,
pour prévenir des grands malheurs, et qui sont
tels, qu'on n'en a pas encore vu de pareils. Cessez
donc de mettre obstacle à la source qui doit faire
tarir tous nos maux et nous procurer les biens
d'une paix générale ; les biens d'une conversion
universelle et telle qu'il n'y en a jamais eu ; car Dieu
veut bien, malgré notre indignité, nous accorder
ce qu'il n'a jamais accordé à la terre, la réunion

des cœurs et l'unité de croyance, parmi tous les hommes de l'univers,

Voilà, citoyens Administrateurs, ce que le plus grand des pécheurs, le plus ingrat des hommes, le plus lâche des chrétiens, et la plus vile de toutes les créatures est chargé de vous annoncer.... Il ne tient qu'à vous de mettre fin à la guerre, de mettre fin à nos peines et à nos maux. Il ne tient qu'à vous, dis-je, de faire cesser les calamités qui règnent sur la terre et d'y faire revivre l'abondance, la paix, et tous les biens imaginables, enfin de faire revivre l'âge d'or.

Pour cela, il n'est pas besoin de faire beaucoup de démarches et de dépense, il n'est pas nécessaire d'exposer la Patrie, ni de rien faire qui puisse lui nuire.... Si je proposé de faire une grosse dépense, d'exposer la Patrie à tel danger, en repoussant l'ennemi, d'une telle ou de telle autre manière ; enfin si je proposé un plan de campagne, la prudence exigeroit qu'on ne mit point mes projets à exécution, avant de les avoir bien examinés, et sans les plus mûres considérations.... Mais, citoyens Administrateurs, je propose un moyen sans dépense, sans danger, et duquel il ne peut résulter aucun inconvénient ; autre que celui de faire taire notre amour-propre, *qui ne veut rien souffrir de contraire à nos sens.*

Pour

Pour nous faire surmonter tous les obstacles et nous faire vaincre cet ennemi de notre bonheur, la Providence avoit ménagé un moyen simple ; un moyen que la Loi, la Raison et l'Humanité nous force d'accueillir. Mais par les efforts que les Démons ont fait, ce moyen n'a pas réussi. Quel étoit donc ce moyen que l'enfer nous a enlevé ? C'est celui, Administrateurs, que je dénonçai au Juge de Paix de ce canton et à l'Accusateur public.... c'est celui dont je joins à la présente, la copie de la dénonce que j'en fis, afin que vous en pesiez les circonstances.

Pesez-donc bien, citoyens Administrateurs, le contenu en cette dénonce... pesez bien aussi le contenu en la lettre que j'écrivis au Maire de cette ville, à raison de mon emprisonnement et de laquelle je vous envoie copie. Pesez toutes mes démarches et sur-tout ce qui est contenu dans les Cantiques pronostics que je vous envoie, comme ayant charge de les publier. Considerez que toutes nos ressources humaines sont en défaut, que nos sens et nos moyens sont très-bornés, que nous sommes beaucoup menacés d'une guerre intestine, et que si Dieu n'avoit pas détourné l'orage qui étoit prêt d'éclater sur nos têtes, celui des troupes aux ordres de Dubois de Crancé, nous aurions déjà souffert bien des maux.

C

Je puis bien vous assurer, citoyens Administrateurs, que la révolution est pour un bien général, et que la paix sera rendue à la France; mais je dois vous dire aussi que si nous nous obstinons à ne vouloir pas faire usage des moyens qui doivent nous procurer ces biens et la paix, nous aurons à souffrir bien de calamités, bien de maux et bien de malheurs.

Soyons donc assez prudens et assez sages pour éviter les malheurs dont nous sommes menacés, et ne refusons pas les secours que le Ciel nous offre pour nous en préserver.

Oui, citoyens Administrateurs, malgré mon indignité, je puis vous dire que j'ai des preuves certaines que la femme de Blachères, morte depuis plusieurs années, doit être rendue à la vie, et qu'elle seule doit faire cesser les calamités publiques; qu'elle seule doit, par le miracle de sa résurection, ramener l'ordre et la paix [1].

Vous voyez, citoyens Administrateurs, que je ne cherche pas à troubler l'ordre public, puisque ce n'est pas dans la société que je repands mes principes et mes connoissances, mais dans votre sein, comme étant les pères communs et

____

[1] Voyez, pour l'histoire de cette femme, la procédure qui me fut faite; elle est jointe à ce Mémoire ou Pétition, sous le titre d'extrait de procédure.

lès soutiens de la famille.... Je voudrois bien pouvoir lever tous les obstacles que je prévois que le Démon ne manquera pas de mettre à notre bonheur ; mais je ne le puis absolument point, attendu que je ne puis et ne dois même rien faire qu'avec l'autorité des pouvoirs constitués, et que d'ailleurs je ne suis que l'instrument dont Dieu veut bien se servir pour ramener les hommes à leur devoir. Je puis même dire et assurer avec toute sincérité et toute vérité, que comme l'auteur de notre révolution est un maître très-parfait, il a voulu se servir, pour mieux faire connoître sa grandeur, son habileté et ses perfections, de l'exécration de la terre, du dernier et du plus méchant de tous les hommes, ou tout au moins du plus méprisable et du plus indigne des regards du ciel et des égards des mortels.

Je m'apperçois, mais bien tard, que je suis d'une longueur ennuyante ; cependant ma folie est tellement douce, que je ne puis me résoudre à finir... supportez-donc encore un peu ma folie, citoyens Administrateurs, et en bons et tendres pères, en bons et sages Administrateurs, en hommes prudens, justes et équitables, ne me condamnez point, s'il vous plaît, sans preuves et sans preuves légales... or, la seule preuve légale et admissible, est celle de me mettre à l'épreuve, afin de savoir si effectivement j'ai perdu la tête, ou si j'ai les connoissances que j'annonce avoir.

Je finis en vous suppliant, au nom de Dieu, de ne pas vous refuser à épargner *le sang de vos concitoyens et le votre.* Vous le pouvez et vous le devez à tous égards, parce qu'il est bien sensible et même évident, que quoique la science que j'assure avoir, ne soit pas une science ordinaire et à la portée de tous les hommes, il ne s'ensuit pas qu'elle soit une folie, et que celui qui dit la posséder soit un insensé ; mais seulement que ceux qui ne la connoissent pas sont tout au moins des aveugles. En un mot, j'avance un fait et j'offre de le prouver par expérience. Cette expérience ne peut nuire à personne, mais au contraire procurer les plus grands biens; ainsi il n'y a pas d'autres réponses à faire que de dire qu'on veut périr, malgré les secours que le ciel nous offre, plutôt que d'en faire la preuve.

Je suis, citoyens Administrateurs, en attendant qu'il plaise à Dieu de vous ouvrir le cœur et de vous éclairer l'esprit, le plus respectueux et le plus soumis des citoyens,

RAFIN, *signé.*

COPIE de la Lettre écrite aux Administrateurs du Département du Gard et à ceux de la Municipalité de Nîmes, dans le courant du mois de frimaire de l'an second de la République.

CITOYENS ADMINISTRATEURS ,

Le désir que j'ai de procurer la paix à la France et d'affermir pour toujours les bases de notre Constitution, me tourmente tellement que je ne puis m'empêcher de vous adresser la dénonce que je viens de faire à l'Accusateur public au sujet des contraventions à la Loi, que se sont permis les Juges de Paix et le Greffier, à raison de deux femmes noyées dans des puits. La première dans la nuit du 28 au 29 brumaire dernier, et la seconde dans celle du premier au second frimaire courant...., conduite d'autant-plus répréhensible, sur-tout celle du Juge de Paix qui procéda à la visite du premier de ces cadavres, qu'il n'auroit tenu qu'à cet officier public de voir expérimenté, dans un moment, des connoissances que j'ai devers moi, par lesquelles je puis me flatter de pouvoir raménera la vie, tout au moins, des personnes noyées, depuis plusieurs jours. ... oui, citoyens Administrateurs, ce Juge de Paix est d'autant plus répréhensible de n'avoir pas déféré à ma réclamation, que la loi et son devoir lui en faisoient une étroite obligation.

Vous savez, Administrateurs, que tout citoyen français a le droit de demander l'exécution de la Loi et de faire toute pétition honnête et décente... Vous savez aussi que d'après plusieurs expériences on est parvenu à ramener à la vie des personnes noyées depuis même trente-six heures. Les étuddes particulières que j'ai fait de la science des sciences, m'ayant mis en même de faire la découverte d'un moyen infaillible pour ramener bien des personnes à la vie, et dont la vertu est de beaucoup supérieure à celle des moyens physiques connus; je ne me serois jamais attendu que pour offrir de faire l'expérience de ce moyen sur un cadavre qu'on venoit de sortir de l'eau, je serois emprisonné... non, je n'aurois jamais pensé qu'un Juge de Paix refuseroit de dresser son procès-verbal sur le lieu, et de prendre le dire d'un honnête citoyen, et cela malgré que la Loi, la Raison, l'Humanité, la Justice et les devoirs de sa charge lui en fissent une obligation étroite, et que ce Juge de paix s'oublieroit au point de décerner, au lieu et place de l'ordonnance ou autorisation par écrit que je lui demandois, un mandat d'arrêt contre moi. . . . . non, dis-je, je ne sais comment un officier public a pu contrevenir si grossièrement et enfreindre si témérairement une Loi qu'il est chargé de faire respecter.

Cependant, citoyens Administrateurs, ce Juge de paix m'a laissé quatre jours dans la maison d'arrêt sans m'entendre, et a fait de suite enterrer cette femme noyée, sans être assuré qu'elle fût morte.

Je dis qu'on a enterré cette femme sans savoir si elle étoit réellement morte, parce que j'avois avancé et soutenu qu'il y avoit de possibilité de la ramener à la vie. Il est vrai que ce Juge de paix a pour lui la déclaration de deux personnes de l'art ; mais de quel poids est l'assertion de deux hommes qui n'ont pas seulement pris la précaution de présenter l'*alcali fluor* à cette femme noyée, ni d'employer aucune des autres ressources de l'art, pour s'assurer qu'elle n'étoit plus vivante, et cela malgré qu'il n'y eût qu'environ seize heures qu'elle s'étoit ou qu'on l'avoit jetée dans le puits ; que les personnes présentes, les moins vulgaires, publiassent, à haute et intelligible voix, que cette femme ne parroissoit pas être morte, et qu'elle eût réellement le visage et les mains aussi

[40]

vermeils que si elle n'avoit été qu'endormie; mais si le Juge de paix a pour lui la déclaration de deux hommes de l'art, j'ai pour moi la loi, qui veut qu'on ne néglige rien, sur-tout lorsqu'il s'agit de la vie d'un citoyen : j'ai pour moi la vérité du fait et la preuve qu'on pourra tirer en faisant exhumer le cadavre.

Oui, citoyens administrateurs, je vous assure et je puis vous assurer, que cette femme enceinte de sept à huit mois au moins, a été enterrée vivante, et qu'en la faisant exhumer on reconnoîtra sensiblement la vérité de ce que j'avance... Il est donc de votre devoir de prendre connoissance de cette affaire, et en qualité de pères du peuple, de soutiens de la patrie, de donner les ordres nécessaires pour que ma dénonce ne soit pas méprisée et mise de côté. Il ne me reste plus qu'à demander d'être présent à l'exhumation de ce cadavre, afin de pouvoir procurer et démontrer aux gens de l'art et à tous les spectateurs, ce que je viens d'avancer. Ma demande est trop conforme à l'esprit et à la lettre de la loi, pour qu'elle me soit refusée. Je suis en attendant, citoyens Administrateurs, le plus soumis des citoyens,

RAFIN, *signé.*

COPIE des Cantiques pronostics sur la Révolution française, envoyés aux Administrateurs du Département du Gard, et à ceux de la Municipalité de Nîmes, le 27 juillet 1793, l'an premier de la République.

PREMIER CANTIQUE PRONOSTIC.

Sur l'air : *Aux armes, citoyens.*

MON Sauveur, mon divin Maître,
Seul objet de mes soupirs,
Daignez vous faire connoître,
Et contenter nos désirs.
Délivrez-nous des embuches,
Des suggestions du démon
Et de toutes ses illusions.
Que l'amour de votre gloire
Nous fasse combattre, combattre jusques au trépas,
Et remporter la victoire.
Ensemble, citoyens, chantons en unisson,
Viva, viva, vive à jamais notre sainte religion.

Quand l'amour fait éclore
Des sentimens humains,
L'on voit bientôt l'aurore
Briller sur les confins.
Que chacun donc se prépare
Au grand retour de la paix,
Et qu'il forme des souhaits
Pour le bien de la patrie.
Faisons, faisons chacun dans notre état
Le bonheur de famille.
Ensemble, citoyens, chantons en unisson,
Viva, viva, vive à jamais notre sainte religion.

Le grand jour va paroître,
Ce jour tant désiré,
Qui doit faire connoître
Le vrai bonheur ſaux Français ;
Celui de rendre hommage
A l'Être souverain,
Et de publier sans fin,
Vive Jesus, vive Marie
Qui nous, qui nous, qui nous ont préservés
De l'esclavage et du danger.
Ensemble, citoyens, chantons en unisson,
Vive, viva, vive à jamais notre sainte religion.

Souvenons-nous de l'orage
Qu'avoient formé nos méfaits,
Du désordre et du carnage
Qu'ont produit tous nos forfaits.
Le ciel, la terre et l'onde
En rougiront à jamais.
Pleurons donc, braves Français
Sur le sort de la patrie
Qui a, qui a, qui a sacrifié
Son Monarque bien aimé.
Ensemble, citoyens, chantons en unisson,
Viva, viva, vive à jamais notre sainte religion.

Ce héros en vrai Monarque
Est monté sur l'échafaut;
Il n'a pas plus craint la parque
Que les horreurs du tombeau,
Il a gémi sur nos crimes
Et nous les a pardonnés;
Il a même bien plus fait;
Car il a donné des ordres
Pour qu'on, pour qu'on, pour qu'on ne venge pas
Son régicide trépas.
Ensemble, citoyens, chantons en unisson,
Viva, viva, vive à jamais notre sainte religion.

Heureux ceux qui pénètrent
Les motifs de tous ces traits.
Que Dieu lance sur nos têtes
Par de signalés bienfaits.
Celui de convertir la terre
Et de réunir les cœurs,
Pour adorer le Sauveur,
Et pour rendre à Marie
L'honneur, l'honneur, l'honneur de vierge
Et mère du créateur.
Ensemble, citoyens, chantons en unisson,
Viva, viva, vive à jamais notre sainte religion.

Il n'y aura plus sur la terre,
Ni barbares, ni payens,
Ni idolâtres, ni Santerre,
Ni monstres dans le genre-humain.
Tous les hommes rendront hommage
Au grand Dieu de l'univers,
Et formeront de concerts,
A l'honneur et pour la gloire
De celui, de celui qui nous a rachetés
De la peine du péché.
Ensemble, citoyens, chantons en unisson,
Viva, viva, vive à jamais notre sainte religion.

Comment pouvoir satisfaire

A d'aussi signalés bienfaits,

Et témoigner à notre père

Les regrets de tous nos péchés.

Nous le pourrons par Marie

Notre avocate et notre appui,

Qui nous soutient et nous conduit;

Car c'est par elle qu'on arrive

A la, à la, à la gloire de l'immortalité

Qu'elle et son fils nous ont mérité.

Ensemble, citoyens, chantons en unisson,

Viva, viva, vive à jamais notre sainte religion.

Que tous genoux fléchissent

Au seul nom de l'Eternel;

Que tous les échos retentissent

Des accens de tous les mortels,

Qui, repentans de leurs crimes

Veulent enfin les expier,

Par une ardente charité,

Et crier de cœur et d'ame

Misé, mise, miserere mei,

Domine, Domine, Domine.

Ensemble, citoyens, chantons à l'unisson,

Viva, viva, vive à jamais notre sainte religion.

Ayons tous dans nos ames
Le même esprit, le même cœur,
Et soyons remplis de flamme,
Brûlant de la même ardeur]
Que le divin cœur de Marie,
Qui se consume sans fin
Pour le salut du genre-humain.
Ayons donc pour tous nos frères
L'amour, l'amour, l'amour et la charité,
Que Jesus-Christ nous a commandé.
Ensemble, citoyens, chantons en unisson,
Viva, viva, vive à jamais notre sainte religion.

O vous dont le caractère
Nous procure le bonheur !
Et par votre ministère
De voir descendre le Sauveur
Du haut des cieux sur la terre,
Pour y nourrir ses enfants
De son corps et de son sang,
Offrez donc à Dieu le Père,
L'agneau, l'agneau, l'agneau qui s'est immolé
Pour effacer nos péchés.
Ensemble, citoyens, chantons en unisson,
Viva, viva, vive à jamais notre sainte religion.

Assistons au sacrifice
Avec crainte et tremblement,
Afin qu'il nous soit propice
Ne soyons jamais insconstant.
Au service d'un si bon père
On ne doit jamais se lasser,
Ni même cesser de prier
Avec grande confiance,
Qui nous, qui nous, qui nous accordera
Tout le bien qu'il nous faudra.
Ensemble, citoyens, chantons en unisson,
Viva, viva, vive à jamais notre sainte religion.

Remercions Dieu le père,
Remercions Dieu le fils.
Prions les d'envoyer sur terre
L'amour du divin Esprit.
Remercions tous ensemble
L'adorable Trinité;
Qui nous comble de ses bienfaits
Remercions la divine mère,
Qui nous, qui nous, qui nous obtiendra
La grace d'un bon trépas.
Ensemble, citoyens, chantons en unisson,
Viva, viva, vive à jamais notre sainte religion.

F I N.

SECOND CANTIQUE PRONOSTIC.

Sur l'air : *Aristocrates, votre empire.*

Philosophes, votre empire
A trop long-temps prévalu dans ce lieu ;
Il faut maintenant qu'il expire,
Et qu'il se rende au séjour des faux Dieux.
Votre doctrine enfin
Va fuir du genre humain,
Et tous les hommes sur la terre
Chanteront avec joie,
Et croiront avec foi
Qu'il n'y a qu'un Dieu, qu'une Loi.

Quand la raison fut pervertie,
Il se trouva de ces hommes sans frein ;
Et la religion affoiblie
Laissa bientôt répandre dans son sein,
De ces écrits mondains
Qui aveuglent les humains
Lorsqu'ils sont enfans de la terre.
Mais enfin ces écrits vains
Vont disparoître soudáin
Au nom d'un bon souverain.

L'homme

(49)

L'homme n'étant pas sur la terre
Pour réformer les lois du Créateur ;
Mais bien pour rendre salutaire
Celles dont Dieu est le seul vrai auteur,
Nous devons voir la fin
De ces écrits mondains,
Seuls moteurs de nos misères,
Et brûler avec joie
Ces ouvrages contre la Foi,
Contre Dieu ; contre la Loi.

Pour remplir et pour satisfaire
Aux devoirs du bon citoyen,
Nous devons épurer la terre
De tous ces ouvrages malins,
Qui ont fait tous nos maux,
Étant cause des fléaux
Que Dieu a répandu sur nos têtes.
Brûlons donc avec joie
Ces écrits contre la Foi,
Contre Dieu, contre la Loi.

Ne devant point être complices
Du mal qu'on peut faire au prochain,
Nous devons à Dieu le service
De préserver le genre-humain
De tous ouvrages vains,
Portant un poison réel

Dans le cœur et dans l'ame du foible ;
    Et punir tout citoyen
    Qui loin de faire le bien
Répandra des écrits malins.

    Pour prévenir un tel désordre
    Et préserver d'un tel malheur
    Ceux que l'esprit en eux abonde
    En sens charnel et en fausse lueur,
    Il faut proscrire en plein
    Ouvrages écrits malins,
    Et toute sorte de brochures
    Qui n'auroient pour toute fin
    Que la crique et le venin
    De pervertir le genre-humain.

    Oui, citoyens, nous pouvons dire
Que le bonheur de la société
    Dépend de la loi et de l'empire
Qu'on donnera à notre liberté,
    Qui doit pouvoir le bien
    De chaque citoyen,
    Mais jamais de pouvoir nuire
    A son honneur, ni à sa Foi,
    Ni à ses biens, ni à la Loi,
    Ni à Dieu, ni à son Roi.

F I N.

TROISIÈME CANTIQUE PRONOSTIC.

Sur l'air : *A ça ira.*

AH ça ira, ça ira, ça ira,
Notre religion sainte, notre religion sainte,
Ah ça ira, ça ira, ça ira,
Notre religion sainte régnera.

Elle seule prévaudra,
Et contre tout l'emportera.
Ah ça ira, ect.

Les idoles elle abattra,
Et le paganisme détruira,
Ah ça ira, etc.

Les barbares elle adoucira,
Et les Santerres convertira.
Ah ça ira, ect.

Elle seule dominera,
Et l'enfer ne prévaudra pas.
Ah ça ira, etc.

Les hérésies elle abolira,
Et la philosophie dissipera.
Ah ça ira, etc.

Les matérialistes confondra,
Et la métempsycose réduira.
Ah ça ira, etc.

Elle seule triomphera,
Et sa doctrine l'on suivra.
Ah ça ira, etc.

Le jansénisme anéantira,
Et les jésuites consolera.
Ah ça ira, etc.

La Romaine seule guidera,
Et tous les hommes elle attirera.
Ah ça ira, etc.

COMPLAINTE A JESUS-CHRIST,

Dans l'adorable Sacrement de nos Autels.

AH quel tourment
Pour un amant,
Pour un amant tendre et sensible
De ne pouvoir point se réduire
A ce qu'il désire ardemment.

Ah ! quel tourment
Pour un amant,
Pour un amant sensible et tendre
De ne pouvoir jamais se rendre
Aux doux accens d'un Dieu si aimant,
Aux doux accens d'un Dieu si charmant.

Réponse que l'Ame fait à l'Esprit.

Il ne faut pas nous alarmer ;
L'amour divin est une grace.
Il ne faut pas nous alarmer ;
L'amour divin est un bienfait
Que Dieu répand quand il lui plaît,
Par un pur don de sa bonté ,
Dans les cœurs qui sont disposés.
Il ne faut pas nous allarmer ;
Car souvent le désir de plaire ,
Car souvent le désir de plaire
Est un don des plus parfaits. (*bis.*)

Sentimens d'une ame qui a goûté Dieu, c'est-à-dire
qui a goûté des douceurs célestes.

Est-il un destin plus doux
Que celui de s'unir à vous ?
C'est le bonheur suprême
Des cœurs qui vous aiment.
Notre sort n'a rien d'affreux ;
Car pour peu que l'on aime Dieu,
L'amour prend soin lui-même
  De combler nos vœux.

Quand ce Dieu nous enflamme,
Quel moment enchanteur !
Nous goûtons mille charmes,
Et toute sorte de douceurs.
Tout promet à notre cœur
L'avenir le plus flatteur.
Conservons, ô mon ame,
  Toutes ces faveurs.

Est-il un destin plus doux
Que celui d'être uni à vous.
C'est le bonheur suprême
Des cœurs qui vous aiment.
Notre sort est désireux,
Car quand on aime bien Dieu,
L'amour prend soin lui-même
  De combler nos vœux.

Sentimens d'une ame qui a eu le malheur d'offenser Dieu.

Triste regret, tourment de ma pensée,
J'ai tout perdu perdant mon Créateur ;
Mon cœur ingrat, fatale destinée,
Vient de bannir son aimable Sauveur.
Cruel remords violente ma pensée,
Et tourmente et déchire mon cœur.　　*bis.*

Autre sur le même sujet.

J'ai perdu tout mon bonheur ;
J'ai perdu mon Rédempteur.
Quel crime déplorable
J'ai commis dans mon ame
Contre mon Sauveur adorable.

J'ai perdu, pour mon malheur,
J'ai perdu mon Créateur,
La vie de mon ame ;
Et j'ai éteint la flamme
Qui remplissoit mon cœur de charme.

Suite du regret d'avoir offensé Dieu.

Sur l'air : *Je vais te voir, charmante Lise.*

QUE mon cœur gémisse et soupire
D'avoir offensé son Sauveur,
Et d'avoir commis tant de crimes
Contre son aimable Rédempteur.

Quand je songe à l'ingratitude
De ma conduite envers mon Dieu,
Je pense que dans la nature
Rien ne peut être plus affreux.

Que mon cœur gémisse et soupire
D'avoir offensé son Sauveur,
Et d'avoir commis tant de crimes
Contre son aimable Rédempteur.

Il faut bien que Dieu nous aime encore,
Malgré nos crimes et nos défauts;
Car la lumière de l'aurore
Dans mon cœur porte son flambeau.

Que mon cœur gémisse et soupire
D'avoir offensé son Sauveur,
Et d'avoir commis tant de crimes
Contre son aimable Rédempteur.

Suite des regrets, et retour de la confiance en Dieu.

Doux espoir de ma liberté,
Viens calmer mon cœur agité,
Viens calmer mon cœur tourmenté.

D'avoir offensé ce que j'adore
Et d'avoir perdu mon Sauveur,
Un cruel remords me dévore
Et me tourmente dans le cœur.
Cruel remords, triste souvenir !
Des crimes qui me font frémir.

Doux espoir de ma liberté,
Viens calmer mon cœur agité,
Viens calmer mon cœur tourmenté.

Quand je vois l'état déplorable
Où m'ont réduit mes crimes enfin,
Et la mort qui est dans mon ame,
Je tremble et m'écrie soudain :
Ayez pitié, mon doux Sauveur,
De ma misère et de mon malheur.

Dieu de bonté guérissez mon cœur,
Et répandez-y vos douces faveurs ;
Daignez l'animer de votre ardeur.

REVEIL DE L'AME.

Eh quoi ! je sommeille
Quand l'amour m'éveille.
Au bruit du cor
Puis-je dormir encor ?
Eveillons mon ame ;
Car voici ma flamme
Qui nous soutient
Et nous conduit au bien.

Quand nous sommes abattus
Et tout au dépourvu,
Courons aux armes et formons de vœux.
Quand nous sommes abattus
Et croyons tout perdu,
Courons aux armes de toute vertus.

Eh quoi ! tu sommeille
Quand l'amour t'éveille.
Au bruit du cor
Peux-tu dormir encor ?
Eveille-toi mon ame ,
Car voici la flamme
Qui nous soutient
Et nous conduit au bien.

Quand l'orage est passé,

Et que tout est calme,

Voyons la perte que nous avons fait.

Quand l'orage est passé,

Et que tout est calme,

Réparons l'outrage de tous nos méfaits.

Eh quoi ! l'on sommeille

Quand l'amour éveille.

Au bruit du cor

Peut-on dormir encor ?

Veillons, ô mon ame !

Cette vive flamme

Qui nous soutient

Et nous conduit au bien.

F I N.

Dieu soit béni et loué, dans tous les temps, et dans tous les siècles des siècles. Ainsi-soit-il.

Vive Jesus, vive Marie, et loué soit à jamais le très-saint et très-adorable Sacrement de nos Autels. Ainsi-soit-il.

EXTRAIT

De la procédure qui m'a été faite au sujet de la femme Vachères.

PLAINTE

A Messieurs les Juges du Tribunal du District de Nîmes.

REMONTRE, l'Accusateur public, que le jour d'hier 15 décembre courant, sur les neuf heures du matin, le nommé Rafin, arrêta dans la rue de l'Espie de cette ville, le convoi funèbre de la femme du sieur Vachères maître tailleur, décédée la veille, en disant qu'on alloit enterrer une femme vivante, et se livra à des actes de frénésie, au point qu'il disoit hautement que s'il parloit à cette femme elle lui répondroit, qu'il la ressusciteroit même dans cinq minutes ; que ces propos causèrent une telle fermentation dans les esprits, que l'ordre public fut troublé, et peu s'en fallut que ledit Rafin n'excitât une sédition populaire par les propos fanatiques et séditieux, ce qui décida la garde nationale de saisir la personne dudit Rafin, et de le traduire au corps-de-garde, d'où il a été transféré hier soir dans les prisons du Tribunal.

[61]

Cet événement *aussi singulier*, a excité le zèle et la vigilance de l'Administration du District, qui en a fait la dénonce à l'Accusateur public, suivant l'extrait de la délibération ci-jointe; et comme il importe de faire punir ledit Rafin, coupable d'une démarche aussi dangereuse, et d'avoir occasionné le trouble et la fermentation dans la ville; capable d'altérer la paix et la tranquillité publique, l'accusateur public requiert acte de la plainte qu'il porte contre ledit Rafin, et qu'il soit ordonné que des faits ci-dessus coarctés, circonstances et dépendances, il sera enquis pardevant un des Juges du Tribunal, qu'il vous plaira conuoître; et cependant ordonner que ledit Rafin, demeurant arrêté, sera écroué, et que l'écroue lui sera signifiée, avec dépens; et ferez justice. LABAUME , *signé*.

Déposition du sieur Jean-Baptiste Vachères, maître tailleur d'habits, habitant de cette ville, âgé d'environ quarante ans, assigné à la requête et par le même exploit que dessus, copie duquel il a fait aparoir après serment par lui fait de dire vérité.

Enquis s'il est parent, allié ou domestique des parties, a nié.

Et du contenu en ladite plainte, dont lecture lui a été faite, *dépose* : que 15 jours ou un mois, ne pouvant pas mieux fixer l'époque, avant le décès de son épouse et pendant qu'elle étoit malade, ayant eu le dessein de faire son testament, la femme du sieur Lamouroux, perruquier, lui indiqua le sieur Rafin, comme quelqu'un qui étoit propre à éclaircir les difficultés et à tracer la route convenable ; le sieur Rafin accepté, fut introduit dans la maison, le déposant lui exhiba son contrat de mariage, il manquoit un acte de partage, il fut convenu que le déposant le lui procureroit, ce qui fut fait un samedi. Le lundi suivant ayant été arrêté que le testament seroit reçu par Me. Bonnaud, notaire, le déposant et ledit Rafin furent ensemble chez ledit Me. Bonnaud ; l'heure de la réception du testament fut fixée à l'heure de sept au soir : le déposant fut à cet heure là chez ledit Me. Bonnaud pour le prendre, laissant ledit sieur Rafin dans la maison ; celui-ci vint quelque temps après le joindre chez ledit Me. Bonnaud ; ils se rendirent tous les trois auprès de la malade ; celui-ci exigea pendant la faction dudit testament, que la femme de Lamouroux se tint auprès du lit à son côté, et que le sieur Rafin resta au pied du lit où se tenoit le notaire. Durant la nuit suivante, l'épouse du déposant lui rapporta que dans l'intervalle pendant laquelle il avoit resté chez Me. Bonnaud,

ledit sieur Rafin lui avoit parlé de la religion ,
et lui ajouta de ne pas lui en faire des reproches,
qu'elle avoit dit à la femme de Lamouroux ce
qu'elle devoit lui dire à cet égard ; le lendemain
ledit sieur Rafin s'étant présenté pour voir la
malade, le déposant lui ayant demandé si elle
vouloit le voir, sur son refus il renvoya ledit
sieur Rafin, qui se retira sans insistance ; le surlendemain ledit sieur Rafin reparut, il demanda
encore à parler à la malade, le déposant demanda
à celle-ci si elle vouloit qu'il entrât, elle étoit
dans un redoublement ; elle répondit qu'il entre,
et qu'il sorte tout de suite ; sur cette réponse que
le déposant rendit audit sieur Rafin, il entra et
sortit presque aussitôt ; le déposant n'ayant pas
été dans la chambre dans ce court intervalle ; le
lundi suivant, à cinq heures du matin , la femme
du déposant prononça ces mots : *ce coquin.* Le
déposant lui observa que dans sa situation elle
ne devoit conserver de griefs contre qui que ce
fût, et qu'il iroit chercher la personne à laquelle
elle pourroit en vouloir ; sa femme dit alors ,
ce monsieur Rafin qui vint me parler de religion ;
le déposant fut appeller ce dernier , il l'ammena
dans la maison , et comme sadite femme lui avoit
dit qu'elle ne vouloit pas qu'il fût présent lorsqu'elle fairoit des reproches audit sieur Rafin ,

il se retira et fit retirer derrière un armoire et avec lui la demoiselle Lafont qui se trouvoit auprès de sadite femme ; ledit sieur Rafin s'approcha du lit de la malade, bientôt après le déposant sortit de derrière le cabinet, l'y vit à genoux paroissant en peine, le déposant le laissa achever ; ayant vu qu'ensuite il lui prenoit la main et lui entendant dire qu'elle auroit le temps de recevoir les sacremens de l'église, il voulut le faire sortir ; ledit sieur Rafin fut le plus fort, malgré les secours de la demoiselle Lafont ; il fallut recourir à l'oncle de cette dernière, avec lequel ils parvinrent à le faire sortir ; la femme du déposant mourut environ une heure après ; et environ demi-heure après son décès, ledit sieur Rafin ayant fait appeller le déposant dans la maison de Lamoureux, il ne put pas s'y rendre ou il ne voulut pas le voir dans ce premier moment, il fut le joindre ensuite ; à son approche, en se reprenant a dit : que ledit sieur Rafin vint le trouver, et dès qu'il l'approcha il se jeta à ses pieds, le pria de lui pardonner la faute qu'il avoit commise ; le déposant se détermina avec peine à ce pardon, il l'accorda cependant, et se séparerent après s'être touchés dans la main ; cela se passa dans la matinée ; dans le reste du jour il ne fut plus question dudit Rafin : le lendemain

environ

environ les neuf heures, tout étant disposé pour le convoi de la défunte, le cadavre étant déjà hors la porte, ledit sieur Rafin parut, disant qu'on alloit enterrer une personne vivante : on le fit retirer ; il revint, et ayant répété les mêmes propos, en ajoutant qu'il vouloit faire ouvrir la bière, on l'arrêta et on le conduisit au corps-de-garde. Le convois eut lieu; mais étant arrivés au cimétière des non-catholiques, il fut déterminé de ne point inhumer le cadavre jusqu'à ce qu'il auroit été vérifié par deux chirurgiens. Lesdits sieurs Nicolas et Bonnefoy furent appellés, et ils firent la vérification, et déclarerent la mort effective et naturelle ; cependant il fut encore déterminé de retarder l'inhumation jusques à quatre heures de l'après-midi : mais les officiers de justice instruits de ce qui s'étoit passé, firent une descente, et après avoir constaté la mort de l'épouse du déposant, ils la firent inhumer : le déposant absent se départant de toute poursuite, et plus n'a dit savoir; mais ce dessus contenir vérité. Lecture faite de sa déposition, il y a persisté, a signé et n'a voulu taxe, de ce requis : l'accusé a signé, de ce requis. VACHÈRES, RAFIN, FAJON, TURION, greffier, *signés*.

Vu la plainte avec l'ordonnance rendue sur icelle, l'écroue du sieur Rafin, l'exploit de signification, la déclaration jointe à ladite plainte du 16 du courant, les procès-verbaux des 15, 17 et 18 de ce mois, l'exploit à témoins, la présente information, je requiers qu'il soit décerné décret de prise de corps contre ledit sieur Rafin. Ce 20 décembre 1790, LABAUME, *signé.*

Vu la plainte, l'ordonnance d'enquis, l'écroue du sieur Rafin, l'exploit de signification, la déclaration jointe à la plainte, les procès-verbaux des 15, 17 et 18 de ce mois, l'exploit à témoins, la présente information et les réquisitoires de l'Accusateur public, je conclus à ce qu'il soit décerné décret de prise de corps contre le sieur Rafin. Ce 20 décembre 1790. GRIOLET le père, faisant les fonctions de Commissaire du Roi, *signé.*

Décret de prise de corps contre le sieur Rafin. Nîmes, le 20 décembre 1790. FAJON, MAZER, GUIZOT, BRUNET, ROUSTAN, *signés.*

INTERROGATOIRE

DU SIEUR ÉTIENNE RAFIN.

L'AN mil sept cent quatre-vingt-dix, et le mercredi vingt-deux décembre, heure de trois de relevée, pardevant nous Louis Fajon, président du Tribunal du District de Nîmes, procédant dans la chambre d'instruction, les portes ouvertes, assisté de Nicolas - Joseph Barillon, greffier du tribunal, duement assermenté ;

Avons fait amener, par un huissier, des prisons devant nous dans ladite chambre d'instruction, l'accusé ci-après nommé.

Enquis de ses nom, surnom, âge, qualité, lieu de naissance et demeure ;

Lequel en l'absence de Me. Vimont son conseil, duement averti, a répondu se nommer Étienne Rafin, architecte, natif de la ville de Bagnols, demeurant depuis trois mois à Uzès, âgé de quarante-deux ans.

Interrogé depuis quand il habite cette ville, a répondu : qu'il l'avoit habitée pendant huit ans, après lesquels il fut à Uzès dans l'intention de s'y fixer ; et il y a environ trois semaines qu'il revint en cette ville pour y suivre une affaire personnelle auprès du département.

Interrogé depuis quand il connoissoit la femme de Vachères, maître tailleur de cette ville;

A répondu : qu'une quinzaine de jours avant son arrestation, la femme de Lamoureux, per-ruquier, qu'il connoissoit, soit comme son alliée, soit parce que son mari le coiffoit, le pria, vu l'absence de Me. Pierre, procureur, de donner son avis à Vachères sur la vente d'une maison, lui accusé se prêtant au désir de son alliée, monta dans l'appartement dudit Vachères, dépendant de la maison habitée par ledit Lamoureux, ledit Vachères lui communiqua son contrat de mariage : on lui parla d'une transaction qui parut à l'accusé nécessaire pour fixer son opinion ; il la demanda : Vachères dit qu'il se la procureroit, et il la lui porta deux ou trois jours après.

Interrogé si la femme dudit Vachères n'étoit alors malade;

A répondu : qu'elle étoit malade tenant le lit

Interrogé s'il n'étoit question au lieu d'une vente d'un testament à faire de la part de la femme dudit Vachères;

A répondu : qu'il s'agissoit en effet dans le principe, de la vente d'une maison dotale, e ayant pensé, contre l'avis de Me. Coste, avoca que la vente ne seroit point solide, même par l voie du décret, vis-à-vis des enfans; ladite Vachère qui avoit des raisons d'indemniser son mari , projeta de faire un testament en sa faveur ; il fut encore consulté sur la manière de tester ; on lui remit des pièces outre celles ci-dessus , propres à fixer la légitime des enfans , et le testament fut résolu.

Interrogé si dans l'intervalle où il s'occupa de ces objets , il voyoit ladite Vachères en particulier , et s'il ne lui fit des représentations pour la déterminer à changer de religion ;

A répondu : que dans ces intervalles il ne parla point à ladite Vachères en particulier , que seulement le jour que le testament devoit être fait ; et dans le temps que le mari avoit été quérir le notaire , s'étant trouvé seul avec la malade, elle lui confia qu'elle avoit donné de l'argent à la femme de Lamoureux pour lui faire dire des messes , qu'on devoit lui en dire une le lundi suivant ; qu'elle avoit accoutumé de faire brûler sur sa cheminée , lorsqu'elle avoit les maux de l'enfantement , une chandelle qu'elle nomma des Saintes , en lui ajoutant que toujours elle étoit accouchée avant que cette chandelle fût entièrement brûlée : qu'il crut, d'après ces dispositions, qu'il étoit de son devoir de faire prévaloir auprès d'elle son opinion religieuse ; qu'il employa pour cela toute la force que son zèle put lui inspirer ;

sur quoi ladite Vachères lui répondit qu'elle verroit, ajoutant qu'auparavant il l'avoit vue une fois seule sans lui parler de religion, ajoutant encore qu'après ladite réponse de la Vachères il la quitta, fut joindre son mari chez le notaire, qu'ils vinrent tous les trois, et le testament fut fait.

Interrogé si lors de la faction du testament ; ladite Vachères n'exigea pas qu'il laissât la place à côté d'elle à la femme de Lamoureux, et que lui se retirât au pied du lit où étoit le notaire ;

A répondu : qu'arrivés auprès de la malade, elle désira qu'il se tint à son côté pour lui rappeller les dispositions qu'elle avoit projetées ; qu'environ demi heure après et pendant que le notaire écrivoit, ladite femme de Lamoureux survint ; lui accusé lui céda la place et se retira près du notaire de son pur mouvement et sans que la malade l'exigeât.

Interrogé de combien de jours ce testament précéda la mort de ladite Vachères ;

A répondu : qu'il la précéda d'environ huit jours.

Interrogé si le lendemain dudit testament, s'étant présenté pour revoir la malade ; il ne fut réfusé par le mari d'après la réponse de ladite malade, à laquelle le mari avoit demandé si elle vouloit le voir ;

A répondu : que le lendemain il reçut un billet de la femme de Lamoureux, par lequel celle-ci le prioit de passer chez elle ; il s'y rendit ; ladite femme Lamoureux lui dit de la part de ladite Vachères qu'elle vouloit mourir protestante, qu'elle le prioit de rester tranquille ; lui accusé monta cependant chez ladite Vachères, mais seulement pour demander de ses nouvelles et sans demander à la voir, pour ne pas lui faire de la peine, il parla au mari, qui lui dit que sa femme étoit plus malade, et il se retira.

Interrogé s'il ne revint le surlendemain, et ayant fait demander à la malade si elle vouloit qu'il entrât, le mari, chargé de la commission, lui répondit de la part de sa femme qu'il pouvoit entrer, pourvu qu'il sortît de suite ; s'il n'entra en effet, s'il n'eut une courte conversation avec cette femme, et quelle fut cette conversation ;

A répondu : que peu après à l'époque indiquée et un jour de fête, ayant communié dans l'intention d'obtenir la conversion de ladite Vachères, pendant son action de grace il crut entendre, il assure même avoir entendu une voix intérieure qui lui disoit : *laissez agir ma grace* : sur cela il se rendit chez ladite Vachères, il demanda à la voir, et fut introduit ; et se trouvant seul avec elle, elle lui dit qu'il n'eût pas de regret sur ce qu'on lui avoit dit de sa part, à raison de sa persévérance dans sa religion ; qu'elle avoit bien donné la commission de le lui dire, lui accusé lui dit de son côté, que si Dieu lui faisoit la grace de lui inspirer de sentimens contraires elle n'y résistât pas, parce que Dieu ne pouvoit pas nous sauver sans nous-mêmes, et après ces paroles il se retira.

Interrogé si le lundi suivant le mari de ladite Vachères ne vint le trouver pour l'amener auprès de sa femme à cause de l'humeur qu'elle avoit témoigné contre lui accusé, et que le mari crut devoir faire cesser dans ce moment où sa femme étoit prête de rendre l'ame ;

A répondu : que le lundi, à six heures du matin, il entendit de son lit une voix qui l'appelloit par son nom, par trois fois ; il se leva, se mit à la fenêtre ; c'étoit Vachères qui l'avoit appellé, et qui lui dit de venir vîte que son épouse vouloit le voir ; il se hâta de s'habiller ; il fut chez la malade ; le mari qui l'avoit dévancé se resira, et fit retirer la demoiselle Lafont pour le laisser seul : la malade lui dit alors qu'elle vouloit changer de religion ; lui accusé profita de cet instant pour lui faire faire un acte de foi, équivalant à une abjuration, et une acte d'espérance ; elle lui pressoit la main dans ce moment ;

elle le pria de faire une prière à Dieu, pour qu'il lui donnât le temps de se confesser et de recevoir le Sacrement de l'église ; lui accusé se mit à genoux, il pria, et après la prière il dit à haute voix à ladite Vachères, que vraisem-blablement Dieu lui donneroit le temps de rece-voir le Sacrement de l'église : à ces mots, que Vachères ne devoit pas entendre pour la première fois, puisqu'il en avoit déjà parlé, et qu'il avoit fait faire les actes de foi, d'espérance et de charité d'une voix non - moins haute ni moins intelligible, s'approcha, lui fit des reproches vifs, il vouloit le repousser ; lui accusé résista en lui observant qu'il n'étoit pas venu de lui-même ; en résistant, il poussa ledit Vachères jusques au pied du lit ; le nommé Laffont survint, et réuni audit Vachères, ils parvinrent à le faire sortir de la maison.

Interrogé si ladite Vachères ne mourut environ une heure après, et si demi-heure après son décès il ne vint chez ledit Vachères, s'il ne se jeta à ses pieds en le priant de lui pardonner la faute qu'il avoit commise, et qu'est-ce qu'il regardoit comme une faute de laquelle il réclamoit le pardon ; a répondu : qu'après sa retraite de la maison, et après avoir entendu la messe, il se reprocha de n'être point sorti sans résistance lorsque ledit Vachères l'avoit exigé et de l'avoir poussé, il s'imposa d'aller chez ledit Vachères lui demander pardon; il fut dans la maison où on lui dit que la femme étoit morte; il fit appeller Vachères; il ne voulut pas descendre; il monta, se jeta à ses genoux, il lui demanda et obtint son pardon, et ils se séparerent après s'être touchés la main.

Interrogé si le lendemain du décès de ladite Vachères, environ neuf heures du matin, tout étant disposé pour son convoi funèbre, le cadavre étant déjà sur la rue, il ne s'approcha et ne s'écria qu'on alloit enterrer une femme vivante; que si on ouvroit le cercueil, il la feroit parler dans moins de cinq minutes; s'il ne répéta ces propos plus d'une fois, quoiqu'on l'invitât à se retirer, et s'il n'obligea par son insistance les gardes nationales qui se trouvèrent présentes, à l'arrêter et à le conduire au corps-de-garde;

A répondu : que le jour de la communion dont il a parlé, il s'étoit rendu à l'Hôtel-Dieu, où il vit un malade qui devoit avoir son accès de fièvre, le lendemain il lui avoit assuré qu'il n'en auroit plus le jour du décès de ladite Vachères; revenu audit Hôtel-Dieu, il trouva ce malade qui lui apprit qu'en effet il n'avoit plus eu d'accès. Ce même jour il avoit promis à quatre autres malades qu'ils seroient guéris en disant cinq *Pater* et cinq *Ave Maria* en l'honneur des Cinq Plaies, et il ne doute pas qu'ils aient obtenu leur guérison. D'après ces faits, et d'autres dont il ne peut pas rendre compte, il crut pouvoir dire, en approchant la bière qui renfermoit ladite Vachères, qu'elle n'étoit point morte ; ce qui étoit une allégorie dont les sens étoit que Dieu la rameneroit à la vie pour rendre hommage à la vérité, et démentir Vachères et Lafont, qui alléguoient que la défunte ne l'avoit pas appellé pour sa conversion, mais bien pour lui demander pardon ; que la première fois qu'il dit que ladite femme n'étoit pas morte, on le repoussa vivement, qu'on le culbuta ; que le sieur Marvejols, négociant, s'opposa aux mauvais traitemens qu'on exerçoit sur lui ; ce fut alors qu'il demanda cinq minutes pour ramener cette femme à la vie ; on le repoussa sur la bière ; quelqu'un souleva un coin du drap mortuaire, dans ce moment on lui mit la main dessus ; et on l'entraîna au corps-de-garde ; ajoutant qu'il étoit très-convaincu qu'il feroit revivre ladite Vachères, et qu'encore il la rameneroit à la vie aujourd'hui comme dans huit jours, si on vouloit l'exhumer et la lui présenter.

Observé à l'accusé qu'il paroît de son assertion

sur les prétendues guérisons et sur sa conviction qu'il auroit la faculté de ressusciter une femme morte, qu'il se suppose le don des miracles, et d'où lui peut venir une telle présomption;

A répondu : que depuis sa conversion, qui remonte à trois ans, il a reconnu à des marques sensibles, que Dieu l'appelloit à la conversion des pécheurs et à l'extirpation des hérésies, qu'il en avoit formé le vœu, et qu'il n'avoit cessé de prier pour obtenir cette faveur : qu'un confesseur lui avoit déclaré, il y a environ deux ans, que Dieu se serviroit de lui pour faire triompher la religion, et d'autres qu'il ne peut pas nous déclarer; il croit que quoiqu'il soit le plus grand des pécheurs, Dieu lui accorde le don des miracles.

Interrogé si bien loin d'être persuadé qu'il feroit un miracle, il ne tendoit, en s'écriant qu'on enterroit une femme vivante et en annonçant que si on ouvroit le cerceuil elle lui parleroit, s'il ne tendoit, disons-nous, à exciter le trouble et une sédition dans la ville, connoissant mieux qu'un autre que les esprits y étoient très-divisés par la diversité des opinions religieuses;

A répondu : qu'il proteste qu'il n'a point entendu manquer ni à la Religion, ni à la Loi, ni au Roi, ni à la Nation; qu'il n'a point prétendu exciter une émotion populaire; que bien loin de là, il étoit persuadé, comme il l'est encore, que sa démarche et le succès qu'elle auroit eu en ressuscitant la défunte, auroient opéré la réunion des esprits, et par là ramener le calme et la tranquillité dans cette ville.

Lecture faite, a dit ses réponses contenir vérité, qu'il y persiste, et a signé avec nous et notre greffier. RAFIN, FAJON, BARILLON, greffier, *signés.*

JUGEMENT

Sur la définitive d'Étienne Rafin.

L'AN mil sept cent quatre-vingt-dix, et le lundi trente décembre de matin, en audience, dans une des salles du palais, les portes ouvertes, pardevant M. Fajon, président-rapporteur, MM. Mazer, Guizot, Brunel et Roustant, juges, présens et opinans.

Entre l'Accusateur public, demandeur, pour réparation de trouble et scandale excités lors et à l'occasion du convoi funèbre d'une femme non catholique, contre Étienne Rafin, accusé prévenu prisonnier dans les prisons du Tribunal, défendeur, d'autre, etc.

Vu la requête en plainte de l'Accusateur public, avec l'ordonnance d'enquis, sa déclaration que Me. Bonicel, procureur-syndic de l'administration du district et son dénonciateur:

Le Tribunal jugeant à la charge de l'appel au nom du Roi et en vertu du pouvoir à lui délégué par la Loi, déclare qu'il résulte de l'information et du surplus de la procédure faite à la requête de l'Accusateur public contre ledit Étienne Rafin, que le quinze du mois de décembre courant, environ neuf heures du matin, pendant qu'on se disposoit au convoi funèbre de la femme Vachères, non-catholique, la bière dans laquelle cette femme étoit ensévelie étant déjà sur la rue, ledit Rafin s'approcha et cria qu'on alloit enterrer une femme vivante ; que repoussé comme fou, il insista, en ajoutant que si on vouloit ouvrir la bière, il feroit parler ladite femme dans moins de cinq minutes ; que s'il ne le faisoit, il consentoit d'être mis en prison et pendu ; que cette insistance excita une rumeur affligeante pour les parens, et les obligea, pour ne laisser aucun prétexte à la calomnie, de faire suspendre l'inhumation de la défunte ; elle engagea aussi le Tribunal, pour faire éclater la vérité et prévenir par là des faux bruits qui eussent pu être semés par des malveillans, à envoyer un commissaire qui fît constater légalement la mort, et ordonna l'inhumation suspendue ; que cette action dudit Rafin donna lieu à son arrestation, ensuite à un décret au corps comme une contravention aux défenses faites par l'Edit du mois de novembre 1787, concernant les non-catholiques, de faire ou exciter aucun trouble, insulte ou scandale lors et à l'occasion de leur convoi, à peine contre les contrevenans d'être poursuivis comme perturbateurs du repos public ; qu'elle étoit même agravée par la situation actuelle des esprits dans cette ville; qu'elle paroissoit d'autant-plus conséquente, qu'à la même époque on répandit nuitamment dans les rues un libelle incendiaire, ayant pour titre : Conversation entre Madame Necker et M. de Saint Etienne, ministre protestant, et qu'un murmure public l'imputoit audit Rafin, ce qui excita la vigilance de l'Accusateur public, lui fit requérir la visite d'un commissaire dans la chambre de l'accusé, laquelle eut lieu ; mais à cet égard il fut constaté par le procès-verbal du commissaire qu'il ne fut rien trouvé qui pût influer sur l'accusation, mais seulement une édition entière d'un ouvrage ayant pour titre : à MM. du département du Gard ; signée Rafin ; ouvrage dont la faction et l'impression avoit pénétré, fait naître le soupçon et causé ledit murmure ; et à l'égard de ladite action unique et véritable objet de la plainte de l'Accusateur public, la manière dont ledit Rafin en est convenu dans son interrogatoire, son assertion qu'il y a ajoutée, de tenir de Dieu le pouvoir de faire des miracles, d'avoir fait déjà à l'Hôtel Dieu des guérisons miraculeuses, sa conviction fortement exprimée qu'il auroit ramené et qu'encore il rameneroit ladite Vachères à la vie si on vouloit l'exhumer et la lui présenter ; sa protestation qu'il n'a point entendu manque^r

ni

ni à la Religion, ni à la Loi, ni au Roi, ni à la Nation; qu'il n'a point entendu exciter une émotion populaire; que bien loin de là, il étoit persuadé, comme il est encore, que sa démarche et le succès qu'elle auroit eu en ressuscitant la défunte, auroient opéré la réunion des esprits, et par là ramené le calme et la tranquillité dans cette ville; le tout effets sensibles d'une dévotion extraordinairement échauffée, a déterminé le Tribunal, en reconnoissant le délit dont s'agit de nature à mériter une peine sévère, à reconnoître en même-temps qu'il n'a été, de la part dudit Rafin, que le produit d'une tête égarée jusques au délire; c'est pourquoi le Tribunal a déclaré n'y avoir lieu de procéder plus avant sur ladite accusation, et néanmoins a ordonné que ledit Rafin sera remis entre les mains de ses parens pour le conduire à Usez, ville où il a son domicile avec sa famille pour le surveiller et prévenir une récidive, sans dépens: et disant droit à la réquisition du Commissaire du Roi, a fait inhibition et défenses à toutes personnes de contrevenir à l'article 30 de l'édit du Roi de l'année 1787, concernant les non-catholiques, en faisant ou excitant aucun trouble, insulte ou scandale lors et à l'occasion de leurs convois, à peine, contre les contrevenans, d'être poursuivis comme

F

perturbateurs du repos public ; et sera le présent jugement mis à exécution, imprimé et affiché dans cette ville de Nîmes, et dans les principaux lieux du Tribunal, le tout à la diligence du Commissaire du Roi. FAJON, président, rapporteur ; MAZER, ROUSTAN, GUIZOT, BRUNEL, *signés.*

Le présent jugement a été lu et prononcé audit Etienne Rafin, accusé, par le greffier soussigné ; ledit Rafin ayant déclaré qu'il en est bien et duement appellant au Tribunal du District de Montpellier, requiert et proteste de tout ce que de droit, et par exprès qu'il lui soit délivré par le greffier une expédition dudit jugement et réponse, et a signé. RAFIN, BARILLON, *signés.*

Cejourd'hui quatre janvier mil sept cent quatre vingt-onze, nous greffier soussigné, nous étant rendu dans les prisons du Tribunal à la réquisition du sieur Rafin, lequel nous a dit qu'il se désiste de l'appel qu'il fit du susdit jugement, qu'il y acquiesce, et moyennant son désistement, il a requis que son écroue soit barrée, et a signé. RAFIN, BARILLON, *signé.*

SECONDE PÉTITION

DU VÉRITABLE AMI

DE L'HUMANITÉ ET DE LA RÉVOLUTION,

AUX REPRÉSENTANS DU PEUPLE

COMPOSANT LA CONVENTION NATIONALE.

Du 18 Pluviôse, l'an troisième de la République française, une et indivisible.

Lisez, citoyens Représentans, si vous ne voulez point périr misérablement.

LETTRE ou PÉTITION

D'UN VÉRITABLE PATRIOTE,

AUX REPRÉSENTANS DU PEUPLE

COMPOSANT LA CONVENTION NATIONALE.

Représentans,

Je ne sais par qu'elle fatalité les Mémoires qui intéressent réellement toute la République, adressés à votre comité de salut public, et ceux qui sont adressés à votre président, ne sont pas lus à la Convention.... Je ne sais, dis-je, par quelle fatalité on affecte de mépriser et mettre de côté *les mémoires qui seuls peuvent sauver la Patrie du danger où elle est visiblement exposée*, et qu'on ne mette sous les yeux de la Convention, *que ceux qui sont tout au moins indifférens.*

J'ai envoyé, depuis plusieurs mois, des observations à votre Comité de salut public ; j'en ai envoyé, depuis plus d'un mois, à la Convention, sous l'adresse de votre Président ; *ces observations sont de la plus grande importance, puisqu'il n'y a pas d'autres moyens capables de délivrer la République de la guerre civile et de la famine dans laquelle elle est déjà plongée.* Cependant ces observations sont négligées, sont méprisées et mises de côté.

Si j'avois été en même de faire imprimer mes mémoires, je n'aurois pas manqué de vous en faire passer un exemplaire à chacun, mais étant un malheureux père de famille, sans autre ressource que celle du travail des doigts de deux filles, je suis dans l'impossibilité de fournir à une pareille dépense ; ce qui m'afflige d'autant plus, que tout contribue à nous faire essuyer de très - grands malheurs.

Vous savez, citoyens Représentans, que la faction Robespierre, qui a commis toute sorte d'horreurs pour parvenir à ses fins, avoit étendu ses ramifications dans toutes les administrations; cependant ces administrations ont été, en partie, conservées, et celles qu'on a changées dans nos contrées, sont composées encore, de la plus grande partie, des partisans de Robespierre, qui encouragés par une lettre de votre Comité de salut public, sont prêts à faire renouveler ces scènes sanglantes dont nous avons tous été les lâches témoins.

Oui, Représentans, votre Comité de salut public a écrit, sur la fin du mois de frimaire dernier, une lettre aux administrations capable de faire renouveler ces scènes d'horreur, puisqu'il les approuve, *comme des moyens salutaires*, puisqu'il déclare *que le passé doit être oublié*, et par suite, *les Robespierres entièrement impunis*, puisqu'il exhorte les administrations, *à suivre toujours le même systême, et à surveiller les fanatiques*, c'est-à-dire, *à persécuter les gens de bien, ceux qui prient, et à ne laisser en liberté d'agir que les impies, les factieux*, qu'on ose qualifier encore de *bons patriotes*.

Une loi sage et des plus prudentes est décrétée. L'expérience a même prouvé que, sans une pareille loi, les ennemis de la révolution pourroient facilement jeter la République dans de très-grands dangers ; et cette loi est rapportée ; celle du *maximum*.

Il est vrai qu'à la publication de cette loi, les denrées n'ont pas du tout diminué de prix, et qu'au contraire, elles ont beaucoup augmenté ; mais, citoyens Représentans, je puis vous assurer que c'est l'ouvrage des Robespierres qui sont dans les administrations.

En effet, les administrateurs de nos contrées, bien loin de tenir la main à l'exécution de cette loi, et de punir ceux qui y contrevenoient, ont permis, toléré et même approuvé qu'on ait vendu, ouvertement et en pleine place publique, les viandes et autres comestibles, le double et même le triple du prix fixé par la loi du *maximum*; et cela, malgré que la conduite qu'avoient tenus les anciens administrateurs à la chûte du fédéralisme, eût dû leur servir de guide, et les encourager à faire exécuter cette loi, puisque ces anciens administrateurs étoient parvenus, par des moyens licites et même doux, à si bien soumettre le peuple à la loi du *maximum*, que l'on ne s'appercevoit presque plus de la différence entre le papier monnoie et l'argent monnoyé; au lieu qu'aujourd'hui, par l'inexécution de cette loi, les papiers monnoie ne valent que le cinquième de la valeur de l'argent monnoyé.

D'où peut donc venir une conduite si différente entre les administrateurs mis en place à l'époque de la chûte du fédéralisme, et ceux d'aujourd'hui? Le voici, citoyens Représentans; c'est qu'à l'époque de la chûte des factieux fédérés, on renouvela entièrement toutes les administrations, et qu'on eut grande attention de n'y mettre que des personnes reconnues pour être dévouées au parti dominant, tandis qu'à la chûte des Robespierres, ces factieux sanguinaires ont eu assez de crédit pour empêcher une épuration si salutaire.

Aussi, Représentans, cette horde de brigands se flattent de reprendre les rènes du gouvernement, et d'agir encore bien plus inhumainement que ce qu'ils ont fait ; c'est-à-dire, qu'ils menacent de mettre tout à feu et à sang.... Aussi les denrées de première nécessité sont hors de prix, et les accapareurs ou les égoïstes osent demander jusqu'à cent vingt livres du quintal de blé ; ce qui donne aux ennemis de la révolution toute sorte de moyens pour nous diviser, et pour allumer une guerre civile.... Aussi déjà, dans la commune de Tresque, District d'Usez, il a eu plusieurs rixes entre les deux partis que les Robespierres y entretiennent, au point que les communes voisines ont été obligées de s'y porter en armes, pour empêcher les meurtres qui étoient prêts de s'y commettre.... Aussi déjà des Robespierres impunis, et encouragés par la lettre de votre Comité de salut public se sont portés en troupes, armés, dans la métairie d'un honnête citoyen, auprès de la commune de Tavel, District de Beaucaire, y ont assassinés à coup de fusil, toutes les personnes qui s'y sont trouvées, au nombre de sept, compris un pauvre passant à qui le maître de la métairie avoit donné la retirée et ont ensuite emporté tous les effets, les plus précieux, même des meubles qu'on n'a peu emporter que sur des charrettes.

Voila, citoyens Représentans, des faits bien alarmans sans doute, puisque de pareils faits sont bien visiblement les préludes d'une guerre civile... Et bien ces faits sont l'ouvrage de la Convention : voici comment.

Lorsqu'après la chûte du fédéralisme, la Convention eut pris quelque mesures de prudence, elle ne s'endormit plus et les lois les plus sévères furent décrétées et mises à exécution, contre les coupables et contre même un grand nombre d'innocens.

A la chûte du tyran Robespierre, qn'a fait la Convention *pour punir les fauteurs, adhérans et complices de cet infâme scélérat* ? Rien ; au contraire, elle leur a fait espérer une amnistie ; elle a fait plus encore, car elle a rendu tous les décrets possibles *pour encourager ces hommes de sang, a commettre de nouvelles horreurs.* De ce nombre est celui que la Convention vient de rendre pour faire célébrer dans toute la République, une fête civique pour honorer la condamnation à mort du dernier des tyrans.

Oui, Représentans, en décrétant une fête pour l'anniversaire de celui que vous appelez le dernier

des tyrans, vous vous êtes déclarés les protecteurs
et les amis *des hommes de sang....* Vous vous êtes
déclarés les amis, les protecteurs, je puis même
dire, les complices *de cette horde de brigands qui,*
sous le nom de philosophes, ont commis et commet-
tent encore toute sorte d'horreurs.... Comment
n'avez-vous pas vu que la mort de Louis Capet
a été l'ouvrage *de ces impies-philosophes, du sein*
desquels sont sorties toutes les factions, excepté
seulement le fédéralisme ?.... Ne voyez-vous pas
que la mort de Louis Capet a été le coup d'essai
de ces *impies sanguinaires, et le signal de tous les*
assassinats qui se sont commis du depuis dans l'in-
térieur de la République, et dont le nombre peut
se compter par cent milles ?.... Comment est-il
possible que vous ayez pu méconnoître *une*
trame si noire et ourdie d'une manière si infâme ?
Non, vous n'avez pas pu l'ignorer, et l'on ne
peut dire autrement que si vous n'aviez perdu tout
sentiment *d'humanité, de devoir, d'amour de la*
patrie; enfin, si vous n'aviez oublié ou méprisé
les droits les plus sacrés de la société, vous n'auriez
jamais permis ces scènes d'horreur, qu'on a exé-
cutées sous vos yeux et de votre autorité.

Ah ! ne vous y trompez pas ; tant de crimes
n'ont pas pu se commettre, dans le sein même de
la Convention, sans la participation, tout au moins

tacite, de la plus grande partie de ses membres ;
et voilà la source d'où découlent tous nos maux,
et sans doute le motif de votre silence et de votre
penchant à accorder une amnistie à tous ces scélérats.

Mais, ne vous abusez pas, le ciel qui veille
sur tout, ne manquera pas de vous punir, d'une
manière même éclatante, si vous êtes coupables
de tant d'horreurs.... Vous pouvez vous y attendre
même sous peu de jours.

Je sais que Louis Capet avoit mérité de mourir
sur un échafaud ; mais je sais aussi que cela n'a
pas été pour les crimes que vous lui avez imputé
et pour lesquels vous l'avez condamné.

Oui, je sais que malgré toute la *malice et toute
la noirceur des philosphes impies, hommes de sang,*
Louis Capet n'auroit jamais porté sa tête sur un
échafaud, s'il ne s'étoit pas oublié au point de se
parjurer, *en accordant l'existence civile aux pro-
testans*, et je puis vous assurer que c'est-là le
seul crime qu'il a commis.

Il est vrai, citoyens Représentans, que ce crime
est un des plus grands qu'on puisse commettre,
puisque bien loin d'empêcher le mal, comme
tout souverain est obligé par état et par devoir, de
faire, Louis Capet l'avoit approuvé, et par suite
avoit empoisonné ses propres sujets.

Mais si Louis Capet *n'a péri sur un échafaud*,

que pour avoir eu la foiblesse de tolérer légalemènt l'hérésie protestante, à quoi devez-vous vous atten_ dre; vous qui avez décrété *la liberté de toute sorte de culte*.... Vous qui avez osé décréter *un temple à la raison, et par suite, plonger le peuple dant l'idolâtrie*.... Vous enfin, qui pour *abolir la véritable religion et en créer une diabolique, avez commis toute sorte d'infâmies, toute sorte d'horreurs*? Ah! si vous connoissiez votre état et les malheurs qui vous attendent, vous trembleriez; car l'orage gronde bien fort sur vos têtes, et tellement fort que si vous ne faites de suite, *de dignes fruits de pénitence*, vous ne sauriez échaper au fer et au feu.

Vous êtes encore à temps à fléchir la justice de Dieu : sortez de cette ignorance crasse qui vous environne, sortez de cet aveuglement plus que déplorable; craignez la vengeance du ciel justement irrité de tant de crimes et d'abominations ; éclairez-vous du flambeau de la vérité, de la justice et de la raison, c'est-à-dire, *revenez sincérement à Dieu et vous vivrez*. Décrétez de suite un jeune civique de trois jours et un carême de trois mois ; si non, *résolvez-vous à voir une guerre civile, une peste et une famine. telle qu'il n'y en a jamais eu de pareille sur la terre.* Résolvez-vous à voir toute la surface de la République, couverte de neige et de glaces pendant trois mois, et par suite à voir périr toutes les plantes et tous les arbres.

Voilà tout ce que j'ai à vous dire, c'est à vous à y réfléchir, et à y réfléchir sérieusement, puisque la chose vous regarde de très-près... Evitez donc, citoyens Représentans, *les malheurs qui vous sont déjà préparés* : et croyez-moi, bien sincérement, le véritable ami de l'humanité et de la révolution.

R A F I N.

D'Usez, ce 18 pluviôse, l'an troisième de la République française, une et indivisible.

CONVENTION NATIONALE.

LIBERTÉ. ÉGALITÉ.

Paris, le 8 ventôse, l'an 3.ᵉ de la République française, une et indivisible.

LE Comité des Pétitions, Correspondance et Dépêches, Section des Pétitions, Citoyen, après avoir examiné la pétition que tu as adressée à la Convention nationale, a été d'avis de la faire passer, cejourd'hui 8, au Comité de Salut public, sous le Nᵒ. 272, lettre R, comme étant de sa compétence.

Salut et fraternité,

BLANQUIS.

Au citoyen Rafin.

TROISIÈME PÉTITION

DU VÉRITABLE AMI

DE L'HUMANITÉ ET DE LA RÉVOLUTION,

AUX REPRÉSENTANS DU PEUPLE

COMPOSANT LA CONVENTION NATIONALE.

Du 7 germinal, l'an troisième de la République, une et indivisible.

Lisez, citoyens Représentans, si vous ne voulez point périr misérablement.

PÉTITION

D'UN VÉRITABLE AMI

DE L'HUMANITÉ ET DE LA RÉVOLUTION,

AUX REPRÉSENTANS DU PEUPLE

COMPOSANT LA CONVENTION NATIONALE.

CITOYENS REPRÉSENTANS,

Les sentimens patriotiques qui m'animent, et l'attachement que je dois avoir pour le bien public, joint à la religion du serment que j'ai prêté, par lequel je me suis engagé *de soutenir*, *de tout mon pouvoir*, *la révolution française*, m'obligent à vous dire, en franc et loyal républicain, que le peu d'ordre et le peu d'exactitude qui regnent dans vos comités de correspondance et de salut public, expose la république à de très - grands malheurs. Voici comment.

Le 25 brumaire dernier j'adressai un Mémoire ou Pétition *à votre comité de salut public*; le 29 frimaire, lors suivant, j'en adressai un autre *à la Convention, sous l'adresse de votre président*, et le 18 pluviôse je vous envoya une lettre ou pétition que j'adressai *aux Représentans du peuple composant la Convention nationale*.

Ces Pétitions ne contiennent pas des objets indifférens ou particuliers, mais bien *des faits qui intéressent réellement toute la famille*, au point que s'ils étoient *négligés ou méprisés, il en seroit fait de la République*: cependant, jusqu'ici, personne n'a parlé de ces Pétitions à la Convention, et votre comité de correspondance me marque, par sa lettre du 8 ventôse seulement, *qu'il a été d'avis de faire passer au comité de salut public, sous le n°. 272, Lettre R, la Pétition que j'ai adressé à la Convention.* De manière qu'après avoir gardé, pendant plus de deux mois, une pétition de la plus grande conséquence, votre comité de correspondance, sans en prévenir la Convention, la renvoie au comité de salut public; ce qui est une marche seule capable d'exposer la patrie dans toute sorte de dangers.

En effet, je suppose qu'un bon citoyen découvre

une conspiration ou complot contre la liberté, contre la République entière, ou contre la Convention nationale, et que cette conspiration ou complot doive être mis à exécution tel jour et à telle heure ; je suppose aussi, que ce citoyen n'ait pas de ressources pour expédier un courrier à la Convention, et qu'il n'ait d'autres moyens, pour lui découvrir ce complot, que celui de lui écrire par la voie ordinaire ; je suppose encore que ce citoyen ne connoisse aucun Représentant, d'une manière assez particulière pour se confier à lui, ce qui est très-possible, je demande ce qu'il pourroit faire dans une pareille alternative ? Il pourroit tout au plus faire, comme j'ai fait, *écrire à la Convention, à l'adresse de son président ou à celle de tous les Représentans.*

Eh bien, que résulteroit-il de cette découverte et des soins que se seroit donné cet honnête citoyen ? *Il en résulteroit qu'avant que le c omité de correspondance eût pris lecture de cette lettre, le complot auroit réussi et la Liberté, la République ou la Convention nationale, auroit été enchaînée ou assassinée.*

Comment, citoyens Représentans, est-il possible qu'une assemblée chargée d'une révolution aussi considérable, aussi importante et aussi délicate, n'ait pas pris des mesures et des moyens capables de lui procurer, tous les jours, le rapport des Mémoires, Pétitions et Lettres qui annoncent des faits extraordinaires ?... Comment est-ce que la Convention ne devroit pas être assurée, chaque jour, que dans les Pétitions, Mémoires et Lettres qui lui sont adressés, il n'y a, exactement rien qui intéresse *le bien public*, *de manière à mériter une attention particulière et un examen subit* ?... Comment n'est-il pas du bon ordre et de la prudence que le comité de correspondance soit composé de manière à pouvoir prendre connoissance, dans la journée, de tous les paquets que la Convention reçoit chaque courrier ?.. Comment est-il impossible et n'est-il pas même bien facile, d'avoir, dans ce comité de correspondance, des hommes intelligens et en assez grand nombre, pour qu'ils puissent, dans une ou deux séances, décacheter tous les paquets et distinguer ceux qui ne renferment que des demandes particulières ou des choses ordinaires, *de ceux qui renferment des avis et des observations capables de prévenir de grands malheurs ?*

Sans doute il est du bon ordre et de la prudence que la Convention soit informée exactement chaque jour des mémoires, lettres et pétitions qui contiennent des faits extraordinaires, *et cela afin qu'elle puisse prévenir les malheurs qui y seroient annoncés* ; mais je l'ai déjà dit dans mon mémoire ou pétition , et je le repète, il semble que tout contribue à perdre la République ; il semble , dis-je , que la Convention est paralysée ou endormie lorsqu'il faut faire le bien , et qu'elle est toujours prête et très-active à faire le mal.... En voici des exemples.

Personne ne doute , un seul moment , que les comités révolutionnaires , établis dans chaque chef lieu de district , ne soient nécessaires et très-utiles à la chose publique ; que ces comités ne soient plus utiles et nécessaires aujourd'hui , pour le maintien du bon ordre et de la paix , qu'ils ne l'aient jamais été.... Personne ne doute , en un mot , que suspendre , ou détruire , dans ce moment, les comités révolutionnaires , c'est vouloir faire une contre-révolution.

Oui, citoyens Représentans , suspendre, comme vous l'avez fait, les comités révolutionnaires , c'est vouloir faire dominer les Robespierres ; c'est vouloir encourager ces hommes de sang , au carnage et aux meurtres ; c'est vouloir enfin allumer une guerre civile ; car, n'est-il pas évident que ces scélérats sont prêts à prendre les armes contre les bons citoyens ? N'y a-t-il pas eu déjà plusieurs rassemblemens considérables ? Pouvez-vous vous dissimuler que , si cette horde de brigands

demeurent impunis, ou que si, tout au moins, on
ne prend, de suite, les mesures convenables pour
les mettre hors d'état de pouvoir nuire, ils allume-
ront une guerre intestine et commettront toute
sorte d'horreurs.... Non, citoyens Représentans,
vous ne sauriez vous le dissimuler, et que le
décret que la Convention vient de rendre, pour
suspendre les comités révolutionnaires, ne soit un
décret sollicité et dicté par les ennemis de la révolution ; c'est-à-dire, par les Robespierre qu'il y
a encore dans son sein.

Qui doute que, dans le sein de la Convention,
il n'y ait encore un grand nombre de ces hommes
de sang, de ces scélérats, dont les crimes qu'ils
ont commis et ceux qu'ils se proposent de commettre, les forcent à nier l'existence d'un Dieu ?...
Les monstres ! ils sont pire que Robespierre,
puisque malgré la noirceur de son ame, il con-
fessoit l'existence d'un Être Suprême, et recon-
noissoit l'immortalité de notre ame.

Oui, ces monstres, qui osent dire qu'il n'y
a point de Dieu, sont plus méchans et plus à
craindre que ne l'a jamais été l'infâme Robespierre.
Vous devez donc, citoyens Représentans, chercher
d'autant-plus à les connoître et à les mettre hors
d'état de pouvoir nuire, que c'est eux seuls qui
causent tous nos malheurs ; que c'est eux seuls

qui influencent l'assemblée et déterminent toutes ces démarches anti-patriotiques et contre-révolutionnaires ; que c'est eux seuls, enfin, qui cherchent à diviser les bons citoyens et à jeter la République dans la plus affreuse anarchie. Voici un autre fait.

Les Athées, les Déistes, les Impies et les Hérétiques, s'étant ligués, dans l'Assemblée nationale, pour jeter une pomme de division, corrompre les mœurs, égarer le peuple, le porter à toute sorte d'erreurs, et par suite à toute sorte de crimes, machinèrent, sollicitèrent et déterminèrent, sous le spécieux prétexte de liberté, d'égalité et de philosophie, le décret de la liberté de toute sorte de cultes.

Les Robespierres et tous ces autres scélérats, ennemis de la Divinité et de la République, viennent, par de nouveaux efforts, de faire renouveller cette Loi, autant impie que contre-révolutionnaire ; les uns, parce qu'ils n'espèrent leur salut que dans une guerre civile ou dans la division des honnêtes citoyens ; et les autres, parce qu'une pareille Loi leur est d'autant - plus favorable, qu'ils ont pour principe que s'il y avoit réellement un Dieu, il n'y auroit sur la terre qu'une foi et qu'une loi.

C'est donc pour le malheur de la France que vous venez de renouveller le décret de la liberté de toute sorte de cultes... Si vous aviez lu les observations que je vous ai adressées, depuis plus de trois mois, vous n'auriez certainement pas commis une pareille faute, parce que vous auriez été plainement convaincus qu'elle expose la République à toute sorte de maux.

Et en effet, quel bien pouvez-vous attendre d'une loi, qui est visiblement, autant inhumaine que barbare ; puisqu'elle conduit les hommes foibles dans toute sorte d'erreurs, *dans toute sorte de crimes.* Quel bien pouvez-vous attendre d'une loi qui ne tend rien moins qu'à diviser la République en autant de partis qu'il y aura de culte différent; d'une loi qui bien loin de cimenter l'unité et l'indivisibilité si désirable, n'est propre, au contraire, qu'à faire fomenter les esprits et à provoquer une guerre civile.

Ce sont des faits, Citoyens Représentans, que vous ne pouvez pas contester; parce que l'histoire nous fournit un très-grand nombre d'exemples qui prouvent que, dans tous les temps, l'esprit de parti, au sujet des différentes religions, a toujours allumé des guerres terribles et des plus opiniâtres.

Que pouvez-vous donc attendre de votre décret sur la liberté de toute sorte de cultes ? Pouvez-vous attendre que ceux qui nient l'existence d'un Dieu s'accorderont avec ceux qui en admettent un ? Que les Matérialistes s'accorderont avec les Illuminé ? Que les Payens , les Idolâtres et les Juifs s'accorderont avec les Chrétiens ? Que les Lutériens et les Calvinistes s'accorderont avec les Papistes ? Pouvez-vous bonnement attendre , dis-je, que ces hommes divisés par la différence, d'un culte extérieur et public , se réuniront dans les assemblées primaires ou dans les sociétés populaires et y opineront sans aigreur , sans haine et sans être en garde les uns contre les autres ? Non , vous ne pouvez point l'espérer ; parce que l'expérience de tout les temps a prouvé le contraire ; parce , enfin , que c'est une chose au-dessus de toute politique et au-dessus même de tout moyen humain.

Rapportez donc ces décrets anti-patriotiques ; rétablissez les comités révolutionnaires dans toutes leurs forces ; laissez-leur les pouvoirs que les Robespierres , meilleurs politiques que vous , leur avoient donnés ; réparez les fautes que vous avez commises en succombant si facilement aux pièges que les ennemis de la révolution ont su finément vous tendre ; tels que celui de vous faire augmenter le salaire des membres desdits comités , pour pouvoir ensuite vous proposer de les supprimer par raison d'économie ; faites donc ce que vous auriez dû faire , *réduire leur solde et non pas les suspendre* ; cinq livres par jour , c'est tout ce qu'il faut à l'honnête citoyen , qui a besoin de travailler pour substanter sa famille ; c'est plus que suffisant, pour indemniser celui qui a quelque revenu ; et c'est beaucoup trop , pour celui qui ne cherche dans les places d'administration, qu'un moyen de spéculation.

Décretez que chacun est libre en son particulier et dans le sein de sa famille , d'adorer et de prier Dieu à sa manière : mais que les opinions religieuses ayant, dans tout les temps, été des moyens de désunion et de trouble , toute sorte de culte public, demeure interdit, et cela, jusqu'au moment que la République , une et indivisible , pourra avoir un culte public , un et indivisible aussi.

Décretez qu'il est des vérités fondamentales que personne ne doit méconnoître ou ignorer; celles *qu'il est un Dieu créateur du ciel et de la terre , souverain seigneur et maître absolu de toute chose : que notre ame est immortelle , et qu'après cette vie il s'ouvrira une éternité de peines et de tourmens pour les méchans , et une éternité de plaisirs et de joies pour les bons...* Décretez que la morale de tout bon citoyen est renfermée dans ce précepte , gravé profondement dans les cœurs de tous les hommes : *aimer Dieu de tout son cœur , de toute son ame et de toutes ses*

*forces ; aimer son prochain, ami, ennemi, payens
ou idolâtres, comme soi-même, pour l'amour de
Dieu.*

Voilà, citoyens Représentans, des vérités in-
contestables ; elles sont unes et indivisibles, et par
conséquent seules capables de rendre la République une et indivisible aussi.

Décrétez donc que tout ceux qui enseigneront,
professeront ou publieront une doctrine contraire,
seront traités comme des hommes méchans et
dangereux, et par conséquent suspects, et comme
tels, bannis à perpétuité de la République.....
Que dis-je, *bannis d'un lieu pour aller faire le
même mal dans un autre ? non, ils doivent être
anéantis.*

Oui, *le plan de la révolution est tel, qu'il
faut que tous les hommes s'éclairent du flambleau
de la vérité, c'est-à-dire, qu'il faut que tous les
hommes reviennent sincérement à Dieu, ou qu'ils
périssent . . .* oui, dis-je, il faut *se convertir ou
mourir. . . . .* Point de milieu entre ces deux
extrèmes, *ou vous prendrez le parti que je vous
propose, ou vous périrez par le fer, par le feu,
par la guerre civile, par la peste ou par la famine,*
et cela beaucoup plutôt que vous ne pensez.

Evitez donc de pareils malheurs, citoyens
Représentans, et aimez-vous assez, pour prévenir

les supplices d'une éternité de peines et de tourmens, dont l'idée seule doit faire frémir tout
homme qui a conservé sa raison et son bon sens.

Vous le pouvez d'autant-plus facilement, que
dans tout ce que je vous propose, il n'y a rien
de contraire à la saine politique, à la simple
raison et au bon sens.

Rentrez donc en vous-même, et dites-vous
ce que tout homme, tant soit peu raisonnable,
ne manqueroit pas de dire.... *les malheurs qu'on
m'annonce sont des plus grands, et les moyens qu'on
me propose pour les éviter sont des plus raison-
nables et des plus faciles : il est donc prudent que
je prévienne de pareils malheurs, en suivant ponc-
tuellement les avis qui me sont donnés.*

Que puis-je vous dire de plus frappant ? je ne
puis vous rien dire de plus fort : il ne me reste
donc plus qu'à vous bien assurer *que je n'ai pas
du tout les idées exaltées*, et que j'ai *devers moi
de preuves, même physiques, de la vérité de tout
ce que je vous annonce...* c'est de vous bien
assurer aussi, que, qui que vous soyez, vous
ne devez pas douter, un seul moment, de l'infinie
miséricorde de Dieu, et combien il vous attend
à bras ouvert; combien il est prêt à vous secourir,
à vous recevoir au nombre de ses enfans, et à
vous combler de toute sorte de bien réel.

Vous pouvez y compter *Athéistes*, parce que vous ne l'êtes pas plus que ce que l'ai été ; vous pouvez y compter *Metérialistes*, parce que je l'ai été autant que vous ; vous pouvez y compter *Déistes*, *Impies et Hérétiques*, parce que j'ai été de votre nombre, vous pouvez y compter *Libertins* de tout genre et de toute espèce, parce que j'ai été beaucoup plus libertin que vous ne sauriez l'être.

Oui, je vous l'assure, j'ai mené pendant longues années la vie la plus impie et la plus libertine qu'il soit possible de mener. Me voilà arrivé à la fin de ma quarante-septième année, et il n'y a que six ans que je suis revenu de mes égaremens et que je commence à servir Dieu ; et cela non pas par l'effet de quelques prédications, instructions, sollicitations ou lectures, mais par le seul effet d'une simple réflexion que voici.

Considérant combien les plaisirs mondains satisfaisoient peu mon cœur et contentoient peu mes désirs... considérant, dis-je, que je n'avois jamais pu trouver dans le monde des jouissances et des plaisis réels, que tout disparoissoit comme un songe, et qu'enfin il n'y avoit d'effectif que l'idée seule qu'on se fait des jouissances ; je me dis à moi-même, voilà trente années que tu t'agite, que tu te tourmente, que tu t'épuise de

toutes les manières pour te procurer des plaisirs réels, cependant tu n'a pu encore y réussir, et cela malgré tous les soins, toutes les peines et tous les moyens que tu as pris; il faut donc croire que tu n'as pas tourné tes pas du côté de la véritable volupté, puisque *dans tout ce que le monde peut avoir de plus recherché, tu n'y a trouvé que des ombres et jamais de réalités;* ainsi, il faut au moins éprouver, si, comme on le dit, *les véritables jouissances, les véritables plaisirs et les véritables voluptés se trouvent au service de Dieu.*

Cette réflexion me parut si juste, si raisonnable, si prudente et si sage, que je me déterminai enfin, à mettre la main à l'œuvre en véritable géomètre, qui ne veut pas faire des fausses opérations, et qu'il veut avoir des résultats justes et vrais; en un mot, je me conduisis de manière à ne point me tromper, et pour cela à la théorie je joignis la pratique.

Vous ne le croirez pas, citoyens Représentans, cependant je puis vous jurer que je n'eus pas plutôt mis en pratique quelqu'un des moyens que la théorie nous enseigne, que je goûtai des plaisirs, des joies et des délices, tel qu'il est impossible à l'homme de définir; et cela, au point que pendant plus de deux années j'ai réellement cru que j'avois fait la découverte d'un moyen unique pour rendre les hommes heureux.

Oui,

Oui , je vous le jure, je fus tellement étonné des graces que *Dieu* me faisoit, des joies et des délices dont j'étois innondé , que je ne pouvois point me persuader que les hommes, qui cherchent à se rendre heureux, voulussent réfuser de prendre le même parti que j'avois pris , *celui d'éprouver par eux-même, si effectivement le vrai bonheur n'est pas dans la pratique des vertus.*

Enfin, je trouvois une si grande différence, entre mon état passé et mon état lors présent , que je ne croyois pas que personne pût réfuser de se rendre à mes démonstrations et à mes récits.

Comment, je disois en moi-même , seroit - il possible qu'un homme dans un *désert affreux*, *parmi les ronces et les épines*, *parmi toute sorte de bêtes venimeuses*, refusa, par caprice, de sortir de *ce désert* et d'entrer dans *nn jardin délicieux...* non, non, je disois, il n'est pas possible que l'homme extravague au point de refuser de se rendre au langage de la vérité , sur-tout lorsqu'il doit y trouver de si grands avantages.

Ha ! novice que j'étois , je ne connoissoit pas le cœur humain; je ne savoit pas que notre orgueil et notre amour propre s'opposent à notre bonheur et qu'ils sont toujours prêts à se révolter contre tout ce qui ne sort pas de leur propre fond ; je ne savoit pas que les hommes qui sont dans

les plus profondes ténébres , sont précisément
ceux qui croient être les plus éclairés et connoître eux seuls la vérité ; et qu'aucune sorte
de démonstrations n'est capable de les tirer de
leurs erreurs ; parce qu'ils ne sont ni assez sages
ni assez raisounables pour vouloir se méfier de
leurs propres lumières , et pour s'éclairer de
celles d'autrui : je ne savois pas , enfin , qu'il ne
falloit rien moins qu'un miracle de la grace pour
changer et convertir l'homme , et que je ne
devois, mon changement de vie , qu'aux graces
extraordinaires que Dieu m'avoit faites: Que , sans
ces graces , j'aurois resté plus méchant que ne le
sont ceux qui osent nier l'existence de Dieu :
Je ne savois pas que dans notre cœur il y a
un fonds de corruption inconpréhensible : Mais
je l'ai bien appris du depuis , et combien nous
sommes beaucoup portés à faire le mal et peu
portés à faire le bien. Oui , j'ai appris , par la
malheureuse expérience que j'en ai faite , que
je suis toujours un méchant ; le plus grand des
pécheurs ; le plus ingrat de tous les hommes ;
le plus lâche de tous les chrétiens , et la plus
vile de toutes les créatures humaines.

Cependant , Citoyens Représentans , je puis,
vous jurer encore , que malgré toute ma malice ,
mes ingratitudes envers Dieu, et toute mon in-

dignité , j'ai été instruit des causes de notre Révolution française ; des effets qu'elle doit produire, et où elle doit nous mener : Je sais qu'elle est un effet de la plus grande miséricorde de Dieu : *Qu'elle doit opérer une Conversion universelle ; la réunion de tous les cœurs, et l'unité de croyance parmi tous les hommes de l'Univers.* Je sais qui ne tient qu'à vous, Citoyens Représentans , de faire cesser les calamités publiques , et de nous faire entrer dans l'âge d'or : Que si vous suivez les avis qui vous sont donnés, vous verrez, de suite , rénaître *le bon ordre, le calme, la paix et l'abondance* : Mais aussi je sais , que si, par malheur, vous ne voulez rien écouter ; rien entréprendre, ni rien faire de ce que je vous propose : si, par malheur, vous méprisez les avis que je vous donne et les regardez comme l'effet d'une imagination échauffée ou exaltée, la République entière va souffrir les maux les plus affreux, et tels que je vous les ait annoncés dans mes mémoires, lettres ou pétitions, et que je vous les annonce , pour la troisième et dernière fois, dans celle-ci.

Écoutez, donc, par charité pour vous et pour le public , celui qui, quoique le plus grand de tous les pécheurs , connoîs les moyens qui sont, seus , capable de vous tirer du labyrinthe dans lequel vous êtes égarés.... Ecoutez celui qui vous parle à cœur ouvert, et qui n'a, et ne peut avoir, aucun intérêt à vous tromper : celui qui ne craint pas de vous dire des vérités dures et capables de lui attirer toute sorte de déjagréable : celui enfin qui n'agit ainsi, que parce que l'amour du salut de son prochain dommine tellement dans son cœur, que, s'il falloit, il ne balanceroit pas, un seul moment, à sacrifier sa propre vie, pour sauver l'ame de son plus cruel ennemi.

Suivez donc, Citoyens Représentans, les avis salutaires qui vous sont donnés : revenez sincérement à la vérité et à la justice, et vous éprouverez bientôt, ce que j'ai éprouvé moi-même, *qu'il n'y a de vraie joie, de vrai bonheur et de vrai contentement qu'au service de Dieu.* Ne croyez pas qu'il faille faire, pour cela, des grands efforts et des grands sacrifices ; un désir bien sincère ; une volonté bien déterminée de faire le bien ; quelques efforts pour mettre la main à la charrue et commencer l'œuvre, voilà tout ce qu'il faut.

Commencez par avoir une ferme résolution de réparer, autant que vous le pourrez, le mal que vous avez faits. Vous savez, Citoyens Représentans, que c'est un grand crime d'induire le Peuple à erreur, sur-tout lorsque cette erreur est capable d'en faire périr le plus grand nombre.

Décrétez, donc, les articles que je vous ai proposé, dans mon mémoire ou pétitions et sur-tout *le jeûne de trois jours et le carême de trois mois*, qui sont les seuls moyens capables de sauver la Patrie et de la préserver des maux auxquels elle est visiblement exposée, la guerre civile et la famine.... Décrétez les vérités fondamentales que vous connoissez ; et interdissez toute sorte de culte public : par ces moyens vous ne serez plus responsables des malheurs dans lesquels partie de vos commettans voudront rester, ou pourront tomber.

Invitez, sollicitez, engagez et pressez même, *tous ces hommes de sang, Athées, Déistes et impies, soi-disant philosophes*, à ouvrir les yeux au flambleau de la vérité : à entrer dans la voie de la justice : à vivre en bon citoyen ; c'est-à-dire, *à se convertir à Dieu*. Et s'ils refusent de vous écouter et de suivre vos conseils, proscrivez-les de votre sein, livrez-les à l'exécration publique ; puisqu'ils sont seuls la cause et la source de tous nos malheurs.... Déployez contre eux les pouvoirs et les moyens que vous avez, pour anéantir les ennemis du Peuple et de la Révolution ; mais, aussi, s'ils sont dociles à votre voix , s'ils veulent rentrer dans la bonne voie ; dans le sein de la Patrie , pour y vivre en hommes de bien , en bons et véritables Républicains ; recevez-les à bras ouvert; avec toute fraternité et aménité ; avec toute sorte de plaisirs et de joie. Enfin , pratiquez, envers eux , cette sublime morale, *traite ton frére , comme tu voudroit qu'on te traita* ; c'est-à-dire , *aime ton frère , sert ton frère , comme toi - même , pour l'amour de Dieu.*

Demandons pardon *à ce grand Dieu , à ce Dieu tout puissant , à ce Dieu terrible dant ses jugemens , mais juste et iufiniment miséricordieux ,* de tous les crimes que nous avons commis et fait commettre..... Demandons lui qu'il nous éclaire du *flambeau de la foi ,* et qu'il nous fasse connoître *les vérités éternelles....* Demandons lui enfin, *cet esprit de charité ,* seul capable de nous faire remplir nos devoirs envers tous les hommes, et sur-tout envers ceux que nous sommes chargés d'instruire et de gouverner...... Voilà , Citoyens Représentans , les vœux que vous devez faire, pour vous et pour le Peuple. Ce sont ceux que je fait moi-même pour tous , dans toute la sincérité de mon cœur, étant bien véritablement l'ami de l'humanité et de la Révoution. **RAFIN.**

POSTSCRIPTUM.

Jamais Caméléon n'a plus changé de forme et de couleurs qu'en changent, les *Athées et Impies*, *hommes de sang* ; c'est-à-dire, *ces soi-disans philosophes du jour*..... Vous ne sauriez jamais croire combien ces scélérats, savent se transformer en bons patriotes, pour perdre, plus facilement la République : Combien ils prennent des moyens pour déchirer le sein de la Patrie : Combien ces véritables *loup-garous*, savent se déguiser en agneaux, pour pouvoir mieux dévorer leurs proies.

Oui, Citoyens Représentans, je puis vous dire, sans crainte de me tromper, que vous avez dans votre sein, un grand nombre de ces hommes de sang, de ces hommes diaboliques : Que vous en avez même délégué dans les Départemens ; car on lit dans l'adresse au Peuple d'un de vos collègues, délégué dans deux Départemens du midi, ce qui suit.

» *Un Représentant du Peuple* est envoyé parmi
» vous etc. etc. Il vient adoucir et réparer les
» malheurs que les factions vous ont causés.
» etc. etc. Mes vues tendent à faire punir les
» coupables auteurs de vos maux, etc. etc. je
» suis venu dans ces Départemens avec la ferme

» résolutiou d'encourager le vrai patriotisme et
» de consolider la liberté ; je suivrai constam-
» ment cette résolution. Les pouvoirs dont je
» suis investi, serviront â détruire les obstacles
» qui s'opposeront à mes travaux.

» Ennemi de ce fanatisme odieux, qui, dans
» tout le temps, divinisa la tyrannie. Ennemi
» de etc. je m'opposerai constamment à leur
» retour, etc. etc. etc.

» Rassurez-vous, Citoyens, sur votre sort. Vous
» êtes délivrés, sans retour, de la tyrannie des
» triumvirs. Ses partisans sont en petit nombre
» et ils sont odieux au Peuple, etc. etc. etc.
» Ils se sont détruits et ils se détruiront encore
» eux-même, parce que la nature qui a établi
» les Lois de la Conservation de l'espèce hu-
» maine, a voulu qu'il n'y eût point de com-
» binaison sûre pour la détruire «.

Voilà, Citoyens Représentans, le langage d'un
de vos collègues, délégué dans deux Départemens, il ose même assurer que ces principes
sont conformes à ceux consacrés par la Conven-
vention, et il est très-vrai, que ce sont bien
les mêmes principes, insérés dans la lettre, que
votre Comité de Salut Public, écrivit aux Administrations, sur la fin du mois de Frimaire
dernier, et dont je vous ai parlé dans ma dernière lettre ou pétition.

Cependant, Citoyens Représentans, *ce langage est visiblement le même, que celui qu'ont tenu les Dantons, les Eberts, les Chabaux et les Robespierres.* Ce sont les mêmes principes de ces véritables *Athées*; de ces véritables *Impies*; de ces véritables *hommes de sang, soi-disans philosophes*; de ces véritables *ennemis de l'humanité, de la justice et par suite de la Révolution.* Les observatioes suivantes vous en convaincrons.

Il n'est pas, sans doute, besoin de dire, parce qu'on ne peut le penser autrement, qu'en parlant *des factions, cause de nos malheurs, et des coupables auteurs de nos maux*; ce Représentant a voulu parler, *non pas de la faction Robespierre, seule coupable de sang, mais de toutes les factions, en général, réelles ou supposées, depuis le commencement de la Révolution*; et cela, pour pouvoir, selon ses vues, faire chercher des *prétendus coupables* parmi les bons et paisibles Citoyens, et laisser impunis *les véritables coupables Athées et Impies, complices de l'infâme Robespierre.*

Oui, il est impossible de se dissimuler que les vues de ce Représentant, sont de persécuter les gens de bien, ceux qui prient, et de palier même d'ensévelir, s'il lui étoit possible, les crimes des véritables scélérats.

En effet , quelle précaution et quelle attention n'a-t-il pas eû, pour remplir ses vues, *de taire qu'elle est la faction qui nous a causé tant de malheurs....., De taire quels sont ces coupables auteurs de nos maux...... De taire ce que c'est que le vrai patriotisme..... De déclarer que les pouvoirs dont il est investi serviront à détruire les obstacles qui s'opposeront à ses trauvaux..... De dire qu'il est l'ennemi de ce fanatisme odieux , qui , dans tous les temps, divinisa la tyrannie ;* c'est-à-dire, qu'il est, *l'ennemi juré des Chrétiens et principalement des Catholiques Romains.... De nous rassurer sur notre sort, et de nous dire que nous sommes délivrés, sans retour, de la tyrannie des triumvirs ; parce, dit-il , qu'ils sont en petit nombre :* tandis qu'il auroit dût nous prévenir , au contraire, que le nombre n'en est point connu, qu'ils menacent de mettre tout à feu et à sang, et que, par conséquent, il est de la prudence de se tenir en garde et de les surveiller...... *De nous dire que ces scélérats, se sont détruits, et qu'ils se détruirons encore euxmêmes ;* afin, sans doute, que personne ne soit tenté de demander que les Robespierre soient recherchés et punis..... Et enfin, avec qu'elle audace et quel front n'a-t-il pas osé nous dire que la nature, qui a établi les lois de la Conservation de l'espèce humaine, a voulu qu'il n'y eût point de combinaison sûre pour la déttruire.... C'est, donc, un *Athée* qui parle, puisqu'il *attribue tout à la nature*; c'est donc un de ces *impies*, un de ces *hommes de sang*, et par suite un véritable *ennemi de l'humanité et de la Révolution*, puisqu'il a les mêmes principes et qu'il parle le même langage des *Dantons*, des *Eberts*, des *Chabaux* et des *Robespierres*.

Lettre adressée au Citoyen Président de la Convention nationale, à lui personnellement, à Paris.

CITOYEN PRÉSIDENT:

Voici la troisième Pétition que j'envoie à la Convention pour le salut de la Patrie. Je prend le parti de te l'adresser personnellement à toi, afin qu'elle n'aie pas le même sort des autres, celui de rester, deux ou trois mois, dans le bureau du Comité de correspondance, et d'être envoyée, ensuite, au Comité de salut public pour y être, peut être, ensévelie pour toujours.

Si tu prend quelque intérêt au bien général et public; de même qu'au tien en particulier, tu ne manquera pas de faire part, de suite, à la Convention de cette pétition; parce qu'elle renferme les moyens seuls capables de nous faire éviter une guerre civile, une peste et une famine, telle qu'il n'y en a jamais eu de pareille. Ne voulant rien avoir me réprocher, j'avois formé le projet de faire imprimer, et je l'aurois exécuté, tant les deux pétitions qui sont au Comité de salut public, sous le n°. 2172 lettre R. que celle que je t'envoie, et cela afin de pouvoir en envoyer un axemplaire à chaque Représentant : mais n'ayant point trouvé, dans cette ville, de patriotes d'un civisme assez épuré pour fournir à cette dépense, et ne pouvant moi-même le faire attendu que j'ai beaucoup de peine à pourvoir à la subsistance de ma famille, je me détermine à t'envoyer cette dernière pétition, en manuscrit, èn attendant un moment plus heureux.

Sois donc bon Républicain, ne néglige rien en ceci; puisque ta négligence pourroit nous faire souffrir, à tous, de maux affreux. La loi, l'humanité, là religion du serment que tu a prêté t'en font un devoir indispensable. Je compte donc sur ton civisme, espère tout du mien, et crois moi bien sincérement le véritable ami de l'humanité. et de la Révolution RAFIN.

Le 13 *Germinal, l'an troisième.*

NOTE.

DEPUIS l'envoi de cette Pétition et de ce Post-criptum à la Convention nationale, le Représentant du peuple, délégué dans les départemens du Gard et de l'Hérault, ayant été changé, le nouveau Représentant, OLLIVIER GÉRENTE, a fait imprimer et publier une Proclamation, dans laquelle on y lit ce qui suit :

« Envoyé auprès de vous par la Convention
» nationale, je ferai tous mes efforts pour remplir
» l'auguste mission qu'elle m'a confié, d'après
» l'esprit dont elle est animée.

» Je viens remplacer, dans ces départemens,
» un ami de l'ordre et de la justice, dont je
» partage, sans restriction, les sentimens et les
» principes ; je marcherai sur ses traces et suivrai
» les mêmes erremens. Vainement l'intrigue et
» la malveillance chercheroient à me circonvenir ;
» au moyen du concours des bons citoyens, je
» tâcherai de me rendre inaccessible à ses ma-
» nœuvres ».

D'après cette déclaration, il est, sans doute, bien constant que ce nouveau délégué est de la même classe, de la même ligue et de la même faction de son prédécesseur ; *puisqu'il affecte de le préconiser et d'annoncer qu'il partage, sans restriction, ses sentimens et ses principes.* Il faut donc, sans avoir égard à ce qu'il dit ensuite, pour se couvrir du manteau dont se sont enveloppés tous les véritables ennemis du peuple , lui appliquer et lui rendre commun tout ce qui a été dit dans ledit postcriptum ; c'est-à-dire, qu'il faut le reconnoître pour un de ces scélérats *Athées , Déistes, impies ou hommes de sang, soit disant philosophes ,* ennemis de l'humanité et par suite de la révolution,

Lettre d'avis au Citoyen OLIVIER GERENTE, Représentant du Peuple.

DROIT DE L'HOMME.

LIBERTÉ.   ÉGALITÉ.

CITOYEN REPRÉSENTANT :

D'après l'invitation que tu a fait à tous les bons Citoyens, de te faire part de leurs lumières, et de te donner tous les renseignemens utiles à la chose publique, je crois devoir te faire passer la copie d'un postscriptum, mis au bas d'une pétition, envoyée, depuis plusieurs mois, au Président de la Convention nationale, tendante à prouver 1°. *Que la suspension des Comités Révolutionnaires est l'ouvrage des ennemis de la chose publique, et un moyen capable d'encourager les hommes de sang au carnage et au meurtre. 2°. Que le décret de la liberté de toute sorte de culte est une loi propre à diviser la République en autant de parti qu'il y aura de Culte différent.* Je crois devoir te faire passer aussi la copie de la note qu'on a ajouté à ce postscriptum, depuis ta proclamation du 22 floréal; je crois devoir, enfin, te prévénir que tant ladite pétition, le postscriptum que ladite note va être imprimée , et qu'un exemplaire en doit être envoyé à chacun des Représentans du Peuple composant la Convention Nationale.

Si , comme je le pense , tes sentimens sont purs , de même que tes intentions, si tu est un véritable Républicain, tu doit t'empresser à le faire connoître ; c'est-à-dire , que tu doit prendre les mesures nécessaires pour te rétracter et te justifier de ce que tu a dit , au commencement de ta proclamation , *vouloir partager , sans reztriction les sentimens et les principes , marcher sur les traces , et suivre les mêmes erremens de ton prédécesseur.* Le postscriptum et la note que je t'envoie, t'en feront assez connoître la raison.

Tu n'ignore pas , sans doute , les désordres qui règhent dans ce Département : comme de malveillans se permettent d'insulter , de battre avec violence et avec la plus grande inhumanité certains individus : comme ces mal-intentionnés , ménacent les officiers publics , et s'opposent à ce que la justice fasse son cours, et cela au point que ses scélérats s'attroupent et font des députations aux gendarmes pour leur défendre de mettre à exécution les mandats d'amené et ceux d'arrêt qu'on pourroit lancer contre eux.

Il faut donc. si tu veut faire ton devoir, que tu prenne les mesures convenables pour arrêter

un

un pareil désordre. Il faut que tu agisse en véritable Républicain, qui, la loi à la main, sait faire plier toutes les factions et punir les coupables..... Du courage, et de la prudence, avec beaucoup de fermeté et de justice: Voilà ce qu'il faut, pour rémédier au mal.

Négliger, comme ont fait tes prédécesseurs, de faire poursuivre et punir, suivant la rigueur des lois, tous ces perturbateurs du repos public, ce seroit vouloir plonger la République dans la plus affreuse anarchie, et nous précipiter dans une guerre civile·

Ainsi, prend en grande considération, qu'il ne suffit pas, pour faire regner le bon ordre et la paix; de faire de beaux projets, de faire de belles promesses, de publier de proclamations bien écrites; mais qu'il faut encore savoir les faire exécuter..... Prend en grande considération aussi qu'aucune sorte de raison particulière, ne doit point t'empêcher de faire le bien; que tu ne doit pas craindre les factieux, ni ceux qui se permettent de faire des choses contraires à la loi : considère enfin qu'il est temps de faire respecter le droit de gens, *celui sur-tout de ne pouvoir être punis que par la justice*, et que laisser, plus long-temps, mépriser les loix, se seroit vouloir totalement perdre la République

Tu vois combien je te parle à cœur ouvert
et en véritable Républicain : il ne reste plus qu'à
te bien assurer que j'agirois toujours de même.

SALUT ET FRATENITÉ.

R A F I N.

D'Uzès, ce 3 Prairial, l'an troisième.

Au Citoyen OLIVIER GERENTE, Représentant
du Peuple, délégué dans les Départemens du
Gard et de l'Hérault, à Nîmes.